SISTEMA FINANCEIRO NACIONAL E COORDENAÇÃO REGULATÓRIA

Coleção
Estudos em Direito Público e Regulatório

SISTEMA FINANCEIRO NACIONAL E COORDENAÇÃO REGULATÓRIA

2ª edição

Ana Carolina Mello

ALMEDINA BRASIL
Rio de Janeiro, 2025

FGV DIREITO RIO

Sistema Financeiro Nacional e Coordenação Regulatória

ISBN: 978-85-8493-873-5

Impresso no Brasil – 2ª Edição, 2025 – Edição revisada conforme o Acordo Ortográfico da Língua Portuguesa de 2009.

Dados Internacionais de Catalogação na Publicação (CIP)

M322s
1.ed.- Mello, Ana Carolina.
Sistema Financeiro Nacional e coordenação regulatória / Ana Carolina Mello. - 2. ed. - Rio de Janeiro: Almedina, 2025. - (Coleção Estudos em Direito Público e Regulatório)
208 p. ; 15,7 x 23 cm.

ISBN 978-85-8493-873-5

1. Sistema Financeiro Nacional. 2. Regulação financeira -Brasil. 3. Direito público. 4. Coordenação regulatória. 5. Pesquisa empírica jurídica. I. Título.

CDD 346.092

Índice para catálogo sistemático:
1. - Pessoas em direito privado 346.092

Grupo Editorial Alta Books

Produção Editorial: Grupo Editorial Alta Books
Diretor Editorial: Anderson Vieira
Editora-Chefe: Manuella Santos de Castro
Vendas Governamentais: Cristiane Mutüs
Produtor Editorial: Thiê Alves
Diagramação: Joyce Matos

ALTA BOOKS
GRUPO EDITORIAL

Rua Viúva Cláudio, 291 – Bairro Industrial do Jacaré
CEP: 20.970-031 – Rio de Janeiro (RJ)
Tels.: (21) 3278-8069 / 3278-8419
www.altabooks.com.br – altabooks@altabooks.com.br
Ouvidoria: ouvidoria@altabooks.com.br

Editora **afiliada à:**

NOTA DA AUTORA À 2ª EDIÇÃO

Os meandros do Sistema Financeiro Nacional sempre me fascinaram, forjando as minhas experiências profissionais, além de terem me inspirado a aprofundar os estudos sobre o assunto no Mestrado em Direito da Regulação pela FGV Direito Rio. A inquietação pessoal levou-me à constatação de que a coordenação regulatória merecia ser adequadamente explorada no contexto acadêmico brasileiro. Não à toa boa parte da bibliografia para a pesquisa estava em língua estrangeira. Além disso, há algumas razões estratégicas para se aprofundar no tema: o aprimoramento da organização do Estado Brasileiro, especificamente do Sistema Financeiro Nacional, e a pretensão geopolítica do país de aceder à OCDE. O resultado da pesquisa empírica mostrou que há muito a ser feito e a realidade comprova a atualidade do tema.

Por oportuno, registro os meus agradecimentos às pessoas fundamentais para o resultado do trabalho. Para começar, ressalto a importância da orientação acadêmica pelo Professor Doutor Leandro Molhano Ribeiro, da FGV Direito Rio, cuja condução foi fundamental não apenas para o resultado, mas determinante para a realização da pesquisa empírica. Agradeço também ao Carlos de Paula, meu companheiro de jornada que acresceu às horas do seu dia os cuidados quase integrais com as nossas filhas, Esperança e Sophia, enquanto a mãe se debruçava nos livros e dados sobre o SFN. O projeto do Mestrado foi coletivo e contou com o apoio dos meus pais e irmãs, que me incentivaram durante todo o percurso. A todos, minha gratidão eterna.

Aos leitores, espero que a 2ª Edição do livro "Sistema Financeiro Nacional e Coordenação Regulatória" contribua para as suas reflexões. Ao Estado Brasileiro, espero que a obra contribua para o aprimoramento da coordenação regulatória das entidades do SFN.

NOTA DA AUTORA

O trabalho analisa empiricamente os mecanismos formais de coordenação regulatória utilizados pela instância supervisora do Sistema Financeiro Nacional (SFN), que é composta pelas autarquias especiais BCB, CVM, PREVIC e SUSEP. Especificamente, buscou-se descrever as ferramentas desses mecanismos e a identificação de suas falhas. A análise parte da premissa de que há disfuncionalidades decorrentes do modelo de delegação de competências a essas entidades que impactam o funcionamento das entidades supervisoras do SFN, mas cujos efeitos podem ser evitados ou mitigados pela implementação de mecanismos formais de coordenação regulatória.

Esta obra está organizada em três seções. A primeira aporta o referencial teórico sobre coordenação regulatória, incluindo as recomendações da Organização para a Cooperação e Desenvolvimento Econômico (OCDE), que permitirá a compreensão do assunto no contexto do SFN, descrito na seção seguinte. Ato contínuo, é estabelecida a conexão entre o referencial teórico e o SFN por meio da abordagem descritiva da organização do SFN e dos mecanismos formais de coordenação regulatória instrumentalizados pela sua instância supervisora. Na terceira parte, o enfoque recai sob a pesquisa empírica, em razão da qual foram qualitativamente analisados os insumos obtidos diretamente das autarquias especiais, tendo o resultado da análise corroborado a hipótese suscitada que consiste na constatação de que há falhas de implementação dos mecanismos formais de coordenação no nível de supervisão do SFN.

Em seguida, são apresentadas sugestões de aprimoramento dos mecanismos formais de coordenação regulatória no âmbito do SFN. Por fim, conclui-se pela necessidade de aprimoramentos no funcionamento dos mecanismos formais de coordenação regulatória de modo que as estruturas da Administração Pública evoluam considerando uma perspectiva que valorize a atuação conjunta em que todas as partes interessadas se beneficiem.

LISTA DE ILUSTRAÇÕES

LISTA DE ABREVIATURAS E SIGLAS

ADI - Ação Direta de Inconstitucionalidade

B3 - B3 S.A. - Brasil. Bolsa. Balcão

BCB - Banco Central do Brasil

BNDE - Banco Nacional do Desenvolvimento Econômico

CGU - Controladoria-Geral da União

Checklist - *OECD Reference Checklist for Regulatory Decision-making*

CMN - Conselho Monetário Nacional

CNPC - Conselho Nacional de Previdência Complementar

CNSP - Conselho Nacional de Seguros Privados

COREMEC - Comitê de Regulação e Fiscalização dos Mercados Financeiro, de Capitais, de Seguros, de Previdência e Capitalização

CPSC - *Consumer Product Safety Commission*

CRPC - Câmara de Recursos da Previdência Complementar

CVM - Comissão de Valores Mobiliários

DHS - *Department of Homeland Security*

Dodd-Frank Act - *Dodd-Frank Wall Street Reform and Consumer Protection Act*

DOJ - *Department of Justice*

EC - Emenda Constitucional

EPA - *Environmental Protection Agency*

EUA – Estados Unidos da América

Fala.BR - Plataforma Integrada de Ouvidoria e Acesso à Informação

FDA - *Food and Drug Administration*

FSOC - *Financial Stability Oversight Council*

FTC - *Federal Trade Commission*

GAO - *U.S. Governmental Accountability Office*

LAI - Lei de Acesso à Informação

LGPD - Lei Geral de Proteção de Dados Pessoais

NIOSH - *National Institute of Occupational Safety and Health*

OCDE - Organização para Cooperação e Desenvolvimento Econômico

OIRA - *Office of Information and Regulatory Affairs*

OMB - *Office of Management and Budget*

OSHA - *Occupational Safety and Health Administration*

PIB - Produto Interno Bruto

PREVIC - Superintendência Nacional de Previdência Complementar

PRO-REG - Programa de Fortalecimento da Capacidade Institucional para Gestão em Regulação

PUMA - *Public Management Service*

ROE - *Return on Equity*

SFN - Sistema Financeiro Nacional

SPC - Secretaria de Previdência Complementar

SRF - Secretaria da Receita Federal

STF - Supremo Tribunal Federal

SUMOC - Superintendência da Moeda e do Crédito

SUSEP - Superintendência de Seguros Privados

TCU - Tribunal de Contas da União

USDA - *United States Department of Agriculture*

Sumário

INTRODUÇÃO

Coordenação regulatória é assunto que se insere na agenda da melhoria da qualidade regulatória, cuja pauta tem sido objeto de recomendações editadas desde a década de 1990 pela Organização para Cooperação e Desenvolvimento Econômico (OCDE), que tem se destacado por capitanear as discussões recentes mais profícuas sobre a necessidade de reforma e aprimoramento da governança regulatória por seus países-membros (OCDE, 1995, 1997, 2007, 2008, 2009, 2012, 2015, 2022).

O Brasil não compõe a OCDE como país-membro, mas tem pretensões de ingressar na Organização, o que justifica o fato de participar de vários de seus comitês e ser o país não membro mais aderente aos seus instrumentos normativos (SALINAS; GOMES, 2022)[1]. Nesse sentido, segue em marcha o projeto nacional de acessão às fileiras da OCDE, que, em 2022, inaugurou novo capítulo, uma vez que, em janeiro, o país recebeu a carta-convite para dar início ao processo de ingresso na Organização. Em setembro de 2022, o Brasil encaminhou o Memorando Inicial[2], no qual teria sido reportado que dos 230 instrumentos normativos editados pela OCDE, considerando 22 não-vinculantes e 202 vinculantes, o

[1] Disponível em: https://regulacaoemnumeros-direitorio.fgv.br/post/adesao-do-brasil-ocde-e-seus-efeitos-sobre-politica-regulatoria-brasileira. Acesso em: 08 out 2022.

[2] Disponível em: https://www.gov.br/economia/pt-br/canais_atendimento/imprensa/notas-a-imprensa/2022/outubro/comunicado-do-conselho-brasil-ocde. Acesso em: 08 out 2022.

Brasil aderiu a 108 e requereu adesão em 45 deles, restando 77 pendentes de adesão[3].

Ainda, em 2022, a OCDE publicou o *Regulatory Reform in Brazil 2022*, que lança luz sobre as deficiências da governança regulatória e dos arranjos institucionais do país a serem superadas a partir da adoção de medidas alinhadas àquelas consideradas melhores práticas da boa regulação. Nesse Relatório, ao tratar das políticas regulatórias e instituições, a OCDE reconheceu que o Brasil possui iniciativas de simplificação regulatória, mas constatou que as estratégias e suas ações não decorrem de um planejamento amplo, integrado e coordenado entre os vários níveis de governo e autoridades, em outras palavras, falta coordenação para implementação dessas medidas tendentes à simplificação administrativa e à alocação mais eficiente do gasto público[4] (OCDE, 2022, p. 74-75). Ademais, diante da constatação da necessidade de mecanismos que assegurem a coordenação, a coerência e a consistência regulatória a fim de se evitar a duplicação, sobreposição e conteúdos conflitantes nos instrumentos regulatórios editados pelos vários níveis de governo, a OCDE concluiu que os esforços existentes são isolados[5] (OCDE, 2022, p. 85).

[3] Disponível em: https://www.gov.br/economia/pt-br/canais_atendimento/imprensa/notas-a-imprensa/2022/outubro/arquivo/memo-inicial-em-numeros.pdf. Acesso em: 08 out 2022.

[4] Pela pertinência: "A equipe do estudo pôde perceber a atenção e o esforço de cada um desses órgãos, mas ficou evidente a existência de uma lacuna nos esforços de coordenação. Nesse contexto, as ações sistemáticas de coordenação e colaboração desempenham um papel fundamental para assegurar que todas as funções de supervisão sejam abordadas para evitar a sobreposição de responsabilidades e promover a transparência.

O Brasil adotou várias iniciativas para promover a elaboração de atos normativos de alta qualidade. Entretanto, esses esforços não fazem parte de uma estratégia de longo prazo com objetivos claramente definidos.

Além da ausência de uma declaração de política de alto nível única, como uma lei que contemple todas as ferramentas, instituições e instrumentos de política regulatória, o Brasil também carece de uma estratégia única e abrangente." (OCDE, 2022, p. 73-76).

[5] No que tange à coerência regulatória e política regulatória em nível subnacional, a OCDE avaliou que "Embora tenha havido alguns esforços de coordenação para buscar a coerência regulatória nos três níveis de governo, esses esforços foram isolados" (2022, p. 85).

A necessidade de aprimorar a utilização de mecanismos de coordenação regulatória é comum à regulação financeira dos países-membros da Organização. Em 2009, a OCDE publicou o *Policy Framework for Effective and Efficient Financial Regulation* que, ao tratar da governança regulatória no âmbito dos sistemas financeiros, expôs que as atribuições e funções das entidades participantes do sistema financeiro devem viabilizar a coordenação e a integração para possibilitar o adequado fluxo informacional e interação entre entes, com vistas a favorecer, em suma, a implementação consistente e coordenada de políticas públicas (OCDE, 2009, p. 299).

No contexto brasileiro, as entidades de supervisão do Sistema Financeiro Nacional (SFN) têm buscado alinhamento às diretrizes da OCDE por meio da adoção de boas práticas de regulação, que passa pela internalização de recomendações da Organização a partir da edição de normativos. Não obstante, há potencial para avançar na integração do SFN, o que requer o aprimoramento dos mecanismos formais de coordenação regulatória a fim de que viabilizem a criação de uma rede de cooperação entre entes da Administração Pública[6].

A descrição dos mecanismos formais de coordenação regulatória no âmbito do SFN e a identificação de suas falhas por meio da pesquisa empírica qualitativa constituem o objeto desta obra, que está organizada em três capítulos, além dessa introdução e da conclusão. Inicialmente, será realizada uma revisão da literatura sobre coordenação regulatória a fim de que esse referencial teórico permita compreender o assunto no

[6] A esse respeito, "No âmbito do Sistema Financeiro Nacional (SFN), há potencial de integração a ser explorado, com a finalidade de aprimorar o funcionamento em rede das suas estruturas com incremento de eficiência e maior racionalidade no cumprimento da função pública, além da mitigação de risco relacionado à falha institucional. Esse objetivo pode ser alcançado por meio do aperfeiçoamento da coordenação regulatória, que se insere no contexto da boa regulação e, nesse sentido, está alinhada às melhores práticas de governança que buscam superar a conformação do Estado em que cada estrutura atomizada age isoladamente para o cumprimento do seu propósito de criação", PAULA, A. C. M. P. S. Coordenação Regulatória no Sistema Financeiro Nacional e Análise da Lei 14.210/2021. *Revista da Procuradoria-Geral do Banco Central*. Brasília: BCB. v. 16. n. 1. Jun 22, p. 38.

âmbito do SFN a partir da análise dos mecanismos formais de coordenação instituídos no nível de supervisão do SFN. Nessa parte inicial do trabalho, busca-se oferecer uma compreensão do conceito de coordenação regulatória, que não se pretende ser definitiva, uma vez que o conceito tem diversas acepções que correlacionam a necessidade de convergência, alinhamento e articulação entre os envolvidos para o alcance de determinado propósito. Segundo Baldwin, Cave e Lodge, coordenação, no campo da regulação, passa pela busca de maior harmonização de abordagens e engloba também maior controle dos processos para que se tornem mais harmônicos e aderentes às diretrizes da política pública (2011, p. 367).

Dentre os principais argumentos dos defensores da institucionalização dos mecanismos de coordenação regulatória pelas entidades da Administração Pública, há o objetivo constante de incremento da eficiência por meio da otimização do gasto público resultante do aprimoramento do funcionamento das instituições. Aliado a isso, é ponderável o potencial prejuízo que pode ser provocado justamente pela ausência de ações conjuntas coordenadas em determinado setor regulado (BALDWIN; CAVE; LODGE, 2011, p. 367-368), principalmente quando se identifica a fragmentariedade das atribuições legalmente conferidas às agências ou autarquias especiais.

A discussão teórica da primeira seção finaliza com uma análise das implicações das falhas da coordenação regulatória para a eficiência das entidades, efetividade do sistema e *accountability* dos agentes públicos envolvidos.

O segundo capítulo, por sua vez, trata, de forma descritiva, da coordenação regulatória no SFN, sendo antecedido de explanação acerca da configuração do próprio Sistema, o que inclui elucidar a sua estrutura, os seus mercados, a sua importância econômico-financeira, as suas bases normativas. A esse respeito, vale repisar que as ferramentas de coordenação regulatória, por meio da atuação institucional conjunta, têm potencial para a mitigação da exposição aos riscos inerentes às atividades das supervisionadas no âmbito do SFN favorecendo à higidez e à estabilidade de todo o Sistema.

O terceiro capítulo abarca a parte empírica do trabalho, em que se objetivou a análise qualitativa da operacionalização de mecanismos específicos formais da coordenação regulatória no âmbito das autarquias especiais do SFN, tendo sido considerados os insumos diretamente obtidos dessas entidades de supervisão por meio das consultas formuladas com base na Lei n° 12.527, de 18 de novembro de 2011, conhecida por Lei de Acesso à Informação (LAI). Para tanto, são cotejadas as informações extraídas da pesquisa documental acerca dos mecanismos formais existentes e aquelas obtidas das respostas. O SFN conta com um conjunto de autarquias dedicadas à supervisão dos mercados financeiro, de capitais, de seguros, de previdência complementar aberta, de capitalização e de previdência complementar fechada, a saber: Banco Central do Brasil (BCB), Comissão de Valores Mobiliários (CVM), Superintendência de Seguros Privados (SUSEP) e Superintendência Nacional de Previdência Complementar (PREVIC)[7], que mantêm vigentes convênios, acordos de cooperação técnica, memorandos de entendimento, entre outros instrumentos similares, que, em suma, visam ao compartilhamento de dados, estabelecimento de procedimentos e planos de ação com vistas a contribuírem mutuamente para consecução de suas atribuições, quando essas ensejarem a realização de atividades que sejam afins às competências e áreas de atuação das entidades congêneres[8].

Soma-se a isso o fato das autarquias supervisoras do SFN comporem o qualificado fórum denominado Comitê de Regulação e Fiscalização dos Mercados Financeiro, de Capitais, de Seguros, de Previdência

[7] A formulação das políticas e diretrizes estratégicas desses setores cabe aos órgãos colegiados Conselho Monetário Nacional – CMN, Conselho Nacional de Seguros Privados - CNSP e Conselho Nacional de Previdência Complementar – CNPC.

[8] Além disso, as autarquias especiais editam atos normativos conjuntos e promovem consultas entre si, ainda que, no último caso, as evidências públicas desses episódios de mútua cooperação não sejam facilmente acessadas, tampouco seja possível a análise confirmatória.

e Capitalização (COREMEC), originado inicialmente pelo Decreto nº 5.685, de 25 de janeiro de 2006 e recriado pelo Decreto nº 10.465, de 18 de agosto de 2020, que "tem por finalidade promover a coordenação e o aprimoramento da atuação das entidades da administração pública federal que regulam e supervisionam os mercados financeiro, de capitais, de seguros, de previdência e capitalização", nos termos do artigo 1º da Resolução COREMEC nº 01/2020.

Nos mercados regulados, determinadas condutas dos agentes supervisionados configuram infração administrativa por inobservância da norma regulatória e, de forma cumulativa, podem incidir em algum tipo penal ou ilícito civil, tratando-se, portanto, de condutas vedadas pelo ordenamento jurídico. No âmbito do SFN, a identificação das infrações ou desvios de conduta requer a atuação das suas autarquias especiais, que devem fazer uso das ferramentas de supervisão disponíveis. A atuação, preventiva ou repressiva, das autarquias especiais do SFN, se fundamenta em normas regulatórias previstas em lei ou elaboradas por suas instâncias reguladoras, bem como em regulamentos editados pelas próprias entidades de supervisão com base na função normativa legalmente atribuída[9].

De forma introdutória, portanto, é possível afirmar que as entidades da Administração Pública Indireta do SFN dispõem, de forma institucionalizada, dos mecanismos formais de coordenação regulatória mais

[9] Nesse ponto, é importante esclarecer que a regulação tem um papel muito mais amplo do que, por meio do poder de polícia, evitar danos aos bens considerados importantes pelo ordenamento jurídico e estabelecer os contornos do que é regulação suscita debates. A esse respeito, segundo Barak Orbach (2012, p. 2), a partir de dados obtidos por pesquisas empíricas, não se pode dizer que regulação tenha uma clara definição, apesar de ter sido objeto dos mais controversos tópicos debatidos em Direito e Política no século XX no contexto norte-americano.

Orbach entende que o desafio de se definir regulação passa por dois fatores não relacionados que, de certa forma, agregam dificuldade na construção de uma definição; o primeiro, deve-se à abstração do que se pretende definir, e o segundo passa pelas opiniões e desejos que moldam preferências pessoais do que deveria ser regulação, muitas das vezes construídas a partir da lente ideológica e preconceitos de quem define (2012, p. 3).

comuns, segundo a literatura, a saber: as consultas; os acordos ou de memorandos de entendimento; a elaboração normativa conjunta (FREEMAN; ROSSI, 2012, p.1155). Além disso, o SFN dispõe do COREMEC, quarto mecanismo de coordenação regulatória, que consiste no fórum de concertação criado com o propósito de articulação ou coordenação das entidades.

Contudo, há efetiva utilização dos mecanismos de coordenação regulatória no âmbito do SFN? Quais falhas podem ser identificadas e possíveis implicações?

É importante esclarecer que, apesar do avanço no processo de reforma administrativa do Estado por meio da edição da Lei nº 13.848, de 25 de junho de 2019, conhecida por Lei Geral das Agências Reguladoras (BRASIL, 2019), que viabilizou a harmonização das regras aplicáveis às agências reguladoras, especificadas no seu artigo 2º[10], as entidades que estruturam as instâncias do SFN, em especial a supervisora, não foram alçadas pela Lei à categoria de agência reguladora.

Não obstante, entende-se que as ferramentas de coordenação regulatória podem (e devem) ser utilizadas pelos órgãos de regulação e pelas entidades de supervisão do SFN, tendo em vista os possíveis benefícios auferidos desse maior alinhamento que já foram mapeados pela doutrina, apesar das críticas que enxergam outras vantagens na ausência desse estreitamento de ações que seria campo fértil para incremento da competitividade entre instâncias do Estado.

Ressalta-se que o objetivo deste trabalho não compreende a análise dos mecanismos informais de coordenação regulatória mapeados

[10] Nos termos do artigo 2º da Lei nº 13.848, de 25 de junho de 2019, são agências reguladoras as seguintes autarquias especiais: a Agência Nacional de Energia Elétrica (Aneel); a Agência Nacional do Petróleo, Gás Natural e Biocombustíveis (ANP); a Agência Nacional de Telecomunicações (Anatel); Agência Nacional de Vigilância Sanitária (Anvisa), a Agência Nacional de Saúde Suplementar (ANS); a Agência Nacional de Águas (ANA); a Agência Nacional de Transportes Aquaviários (Antaq); a Agência Nacional de Transportes Terrestres (ANTT); a Agência Nacional do Cinema (Ancine); a Agência Nacional de Aviação Civil (Anac); e a Agência Nacional de Mineração (ANM), bem como as demais que vierem a ser criadas após o início de vigência dessa Lei.

principalmente pela doutrina estrangeira, ou seja, medidas marcadas pela informalidade com vistas a maior cooperação entre as autarquias especiais do SFN não serão objeto de pesquisa.

A partir do problema suscitado acima e considerando que a coordenação regulatória contribui precipuamente para superar a assimetria informacional interautarquias e, por conseguinte, mitigar as disfuncionalidades provocadas pela fragmentariedade do sistema financeiro, para incrementar a eficiência das autarquias especiais e a efetividade do SFN, além de viabilizar a prestação de contas pelos agentes públicos, pretende-se analisar a seguinte hipótese: considerando o referencial teórico sobre coordenação regulatória e a pesquisa empírica, há falhas na implementação dos mecanismos formais de coordenação regulatória instituídos no SFN.

Ao final, o presente trabalho busca oferecer as diretrizes de aprimoramento dos mecanismos formais de coordenação regulatória do SFN que correlacionam o referencial teórico e as possíveis soluções para superação das falhas identificadas.

1

COORDENAÇÃO REGULATÓRIA

Coordenação regulatória possui relevância para a política regulatória do país, uma vez que visa à superação das deficiências decorrentes do modelo de delegação de competências das entidades da Administração Pública que podem impactar a eficiência no funcionamento desses entes, a efetividade do sistema e a possibilidade de prestação de contas ou *accountability* por parte dos agentes públicos. Além disso, a adoção e a adequada implementação de mecanismos formais de coordenação regulatória vão ao encontro das recomendações da OCDE no contexto em que se busca a melhoria da qualidade regulatória, cuja importância guarda também relação com a pretensão brasileira de acessão a essa organização multilateral.

O desenvolvimento desta obra parte da construção de referencial teórico que permitirá constatar que coordenação regulatória é objeto de análises e estudos de casos no âmbito da Administração Pública Federal brasileira e, principalmente, norte-americana. Embora as autarquias especiais do SFN não tenham sidos alçadas à categoria de agência, isso não inviabiliza a aplicação da construção doutrinária sobre coordenação regulatória a essas entidades. Nesta seção, pretende-se, portanto, estabelecer um referencial teórico que contribua para a compreensão da coordenação regulatória no âmbito do SFN, que será objeto de análise em seções específicas.

Para tanto, torna-se necessário aportar algumas referências doutrinárias que conceituam regulação para a compreensão da coordenação regulatória. Em seguida, para entendimento da gênese das deficiências mencionadas, no contexto de uma Administração Pública descentralizada, são analisados, sem esgotar, os modelos de delegação de competências ou responsabilidades às agências e autarquias especiais. Após, analisa-se a consolidação, que se coloca como alternativa à coordenação, para, em seguida, esmiuçar a importância do assunto e os impactos na eficiência, efetividade e *accountability*. Ato contínuo, considerando o enfoque nos mecanismos formais de coordenação regulatória, são analisados alguns dos instrumentos mais comuns, segundo a doutrina. Na parte final da primeira seção, busca-se situar o tema no âmbito da OCDE por meio das suas recomendações e, dessa forma, estabelecer paralelo com a realidade brasileira.

1.1 Definição de coordenação regulatória

A definição de coordenação regulatória demanda prévia noção do que é regulação. Barak Orbach, em seu artigo "O que é regulação?", trouxe dados de uma pesquisa realizada no contexto norte-americano, em que constatou a crescente frequência de utilização da palavra "regulação" nas publicações impressas com alguns refluxos pontuais para emendar em nova dinâmica de crescimento, desde as primeiras décadas do século XX (2012, p. 2).

No entanto, não se pode dizer que exista uma necessária correlação entre a ascendente dinâmica de utilização da palavra "regulação" e clareza quanto ao seu conceito. Trata-se justamente do contrário e, segundo o referido autor, há certa opacidade quanto à compreensão da "regulação" na moderna doutrina jurídica, o que torna o objetivo de evidenciar o conceito desafiador (ORBACH, 2012, p. 2).

Orbach constrói o seu raciocínio a respeito do que é regulação tendo como ponto de partida o entendimento no sentido de que as pessoas confundem dois fatores que não possuem relação direta. Primeiro, as pessoas tendem a conceituar regulação de forma abstrata e intuitiva a partir do senso comum e, por isso, consideram como sendo "a intervenção estatal nas preferências e escolhas das pessoas" (ORBACH, 2012, p. 3). O segundo fator é a ideologização do que seria regulação, pois passa a refletir percepções, desejos e preferências das pessoas, gerando, conforme entende Orbach, preferências inconsistentes para conceituação da regulação, dentre outras consequências (2012, p. 3). Após justificar as suas escolhas, Orbach conceitua regulação como sendo "uma intervenção do Estado no domínio privado, que é um subproduto da nossa realidade imperfeita e das limitações humanas" (2012, p. 10).

Ao abordar o conceito analítico atual de regulação considerado por diferentes disciplinas, Koop e Lodge reconhecem o amadurecimento do campo desse estudo, especialmente desde a década de 1970, e constatam uma "concepção compartilhada de regulação entre diversas disciplinas" (2015, p. 2). Sob ponto de vista metodológico, os referidos autores, por meio de pesquisa empírica, verificam o uso e em que frequência determinadas palavras-chave são citadas em publicações acadêmicas da cadeira de ciências sociais (KOOP; LODGE, 2015, p. 2). Em conclusão, a pesquisa aportou quatro contribuições, são elas: (i) há escassez de definições de regulação consideradas mais explícitas; (ii) o conceito de regulação é de amplo espectro em vista da utilização em variadas produções; (iii) há um conceito abstrato compartilhado identificado pelos autores, segundo o qual "regulação é a intervenção intencional nas atividades de uma população-alvo"; e (iv) as diferenças entre disciplinas analisadas não justificam as limitações da pesquisa (2012, p. 11-12). Há, por fim, uma interdisciplinaridade identificada pelos autores que não inviabiliza o compartilhamento do conceito mencionado por disciplinas da área de ciências sociais[1].

No contexto da OCDE, os seus trabalhos consideram a definição de regulação a partir de um espectro bastante amplo, a saber:

> There is no generally accepted definition of regulation applicable to the very different regulatory systems in OECD countries. In the OECD work, regulation refers to the diverse set of instruments by which governments set requirements on enterprises and citizens. Regulations include laws, formal and informal orders and subordinate rules issued by all levels of government, and rules issued by non-governmental or self-regulatory bodies to whom governments have delegated regulatory powers. (OCDE, 1997, p. 6)

O Relatório de Políticas e Programas de Governo de 2019 do Tribunal de Contas da União (TCU) (Relatório TCU de 2019)[2], na seção que tratou do planejamento de políticas públicas, fez um compilado de definições, incluindo a coordenação que, no caso, se refere às políticas públicas, mas, ao nosso ver, guarda relação com a temática deste trabalho, a saber (2019, p. 25):

> De acordo com a ONU (2018), a integração de políticas públicas diz respeito à gestão de questões transversais, que transcendem os limites de uma política ou organização específica. Há uma variedade de conceitos

1 Tony Prosser traz uma perspectiva econômica interessante sobre regulação ao mencionar que se trata da segunda-melhor escolha para viabilizar a organização social, pois, a seu ver, "a liberdade econômica e as escolhas dos consumidores devem prevalecer sempre que possível" (2010, p. 1). O autor constata haver duas visões sobre regulação, que, seja privada ou pública, o primordial é a análise quanto à legitimidade e à *accountability*.

2 "A análise consolidada das auditorias em políticas públicas foi realizada mediante a aplicação de métodos qualitativos de pesquisa que adotou como critério de observação os oito componentes do Referencial de Avaliação de Governança Políticas Públicas (RAG-PP): (1) institucionalização, (2) planos e objetivos, (3) participação, (4) coordenação e coerência, (5) capacidade organizacional e recursos, (6) gestão de riscos e controle interno, (7) monitoramento e avaliação, e (8) accountability de políticas públicas." (TCU, 2019, p. 8)

> relacionados, frequentemente utilizados na literatura, que abordam questões afetas à integração de políticas. Estes incluem termos como coerência política, coordenação e políticas conjuntas. Stead e Meijers (2009) propuseram que os vários conceitos podem ser caracterizados como refletindo diferentes graus de integração e podem ser agrupados em três categorias de integração: (a) formulação integrada de políticas (ou integração de políticas), referindo-se a respostas coordenadas de uma variedade de organizações que elaboram em conjunto políticas públicas que vão além de suas fronteiras; (b) coordenação (ou governo unido), referindo-se aos esforços feitos para assegurar que políticas e programas, vindos de diferentes partes do governo, sejam coerentes e não se contradigam (*public coherence*); e (c) colaboração (ou cooperação), referindo-se à existência de relações entre organizações autônomas que cooperam para a realização de metas individuais.

Quanto à coordenação regulatória, Baldwin, Cave e Lodge assim descrevem:

> Coordination, 'joined-up regulation', or other terms are used to advocate greater harmonization of approaches. At the same time, coordination is also about controlling processes (to make them more harmonious)— and therefore inherently about political strategies. Calls for coordination are, in practice therefore, usually associated with the political desire to eliminate the perceived advantages of competing jurisdictions. (2011, p. 367)

Para fins deste trabalho importa menos o conceito de regulação, uma vez que não se vislumbra prejuízo na adoção de um ou outro conceito doutrinário. Neste ponto, ressalta-se que as referências mencionadas nesta seção denotam que o conceito doutrinário de regulação não se encontra consolidado e, por esse motivo, verifica-se uma variedade de abordagens, algumas de amplo espectro e outras mais específicas. Quanto à coordenação regulatória e inspirada na descrição de Baldwin, Cave e Lodge, deve ser considerada a utilização de mecanismos formais ou informais que visem ao aprimoramento da articulação, harmonização, cooperação, coerência e consistência da atuação de entidades ou órgãos da Administração Pública que compartilham o mesmo espaço regulatório, mitigando ou evitando, dessa forma, as disfuncionalidades relacionadas à delegação legal das competências.

1.2 Tipos de delegação e seus efeitos

Jody Freeman e Jim Rossi argumentam que a coordenação das interações entre agências é um dos maiores desafios da governança regulatória e essa assertiva decorre da constatação de que muitas áreas da regulação se caracterizam pela fragmentação ou pela sobreposição de atribuições conferidas a essas entidades (2012, p. 1134). Segundo os autores, é possível entender a referida fragmentação quando agências diferentes possuem mandatos legais que conferem atribuições que habilitam a atuação em parte do problema (FREEMAN; ROSSI, 2012, p. 1134).

Keith Bradley faz importante reflexão acerca do modelo de interação baseado em regras (*rule-based model*) ou formal quando se está diante do que denominou *orthogonal-interests problem* (em livre tradução, problema de interesses ortogonais). Esses problemas ortogonais, considerados mais complexos pelo autor, envolvem mais de uma agência e surgem quando há sobreposição ou compartilhamento de atribuições (2011, p. 748-750).

Teresa M. Schwartz utilizou a definição de sobreposição de atribuições que se refere a "áreas da regulação em que duas ou mais agências possuem atribuições concorrentes para regular uma atividade ou compartilham atribuição regulatória sobre diferentes facetas de uma mesma atividade" (SCHWARTZ, 1975, p. 1033).

Conforme se depreende da doutrina, há várias nomenclaturas para delegações que geram situações nas quais se recomenda a coordenação regulatória. Freeman e Rossi constataram que muitos acadêmicos utilizam a "redundância" para englobar vários dos tipos de delegação, tendo optado pelo uso de "espaço regulatório compartilhado". Para defender a escolha dessa nomenclatura, Freeman e Rossi trazem uma classificação não exaustiva que, na visão dos autores, tem a utilidade de evidenciar a superficialidade do termo "redundância", em livre tradução, a saber:

1. Sobreposição das funções ou atribuições das agências
2. Atribuição de competências relacionadas
3. Atribuição de competências cooperativas
4. Delegação sujeita à concordância

Quanto à "sobreposição das funções das agências", Freeman e Rossi conferem-lhe uma definição que, em parte, acompanha aquela elaborada por Schwartz, supramencionada, limitando-se a explicar que ocorre quando há delegação legislativa da mesma função para as agências (2012, p. 1145).

A segunda nomenclatura refere-se à hipótese em razão da qual há delegação legislativa de funções similares ou próximas para diversas agências com papeis diferentes que ocupam espaço regulatório de um mesmo sistema ou regime administrativo. Nesse caso, Freeman e Rossi esclarecem que se configura quando cada agência desse mesmo sistema ou regime regulatório detém atribuição sobre um "setor, produto ou território distinto" (2012, p. 1145).

Na atribuição de competências cooperativas, segundo Freeman e Rossi, embora as agências detenham atribuições legais distintas, há determinadas tarefas que exigem a cooperação de ambas (2012, p. 1145)[3].

A última nomenclatura corresponde à situação em que a consecução de determinada tarefa requer a anuência de mais de uma agência, como ocorre, por exemplo, para emissão de determinado documento

[3] Os autores exemplificaram: "when agencies charged respectively with law enforcement and land management must cooperate on border security)" (FREEMAN; ROSSI, 2012, p. 1145)

ou licença, em que mais de uma agência deve participar da decisão autorizadora da expedição do documento (2012, p. 1145).

Neste ínterim, é possível correlacionar a "delegação sujeita à concordância" à doutrina dos atos administrativos que, segundo o critério da vontade administrativa, classifica os atos como simples, compostos e complexos, sendo que, nos atos complexo e composto, requer-se a manifestação de vontade de mais de um ente (CARVALHO FILHO; 2006, p. 114).

Pode-se dizer que a diferença entre ambos reside no grau de autonomia. Enquanto o ato complexo reclama manifestações que gozam de autonomia. O ato composto, por sua vez, caracteriza-se por vontades dependentes, sendo a primeira principal e, a(s) outra(s), instrumental(is). Essa vontade instrumental funciona como condição de eficácia do ato composto (CARVALHO FILHO; 2006, p. 115).

Conforme leciona José dos Santos Carvalho Filho, essa classificação não é indene de controvérsias, mas não vem ao caso suscitar todos os posicionamentos doutrinários a esse respeito[4]. Importa estabelecer a conexão entre a "delegação sujeita à concordância" para realização de atividades ligadas às funções das agências que dão causa aos atos complexos e compostos, de forma que se configuram situações que exigem a articulação das agências ou entidades da Administração Pública.

4 Dentre as várias controvérsias sobre essa classificação, destacamos o seguinte entendimento: "Em nosso entender, as noções de ato complexo e composto deveriam merecer novo enfoque analítico. O importante nessa análise deve ser a distinção entre a **vontade final** e as **vontades-meio**. A vontade final é que vai resultar de todas as manifestações ocorridas no curso da formação do ato. É por esse motivo que o ato a que corresponder a vontade final da Administração só vai ser tido como perfeito e acabado quando todas as vontades-meio tiverem intervindo. Logicamente que toda vontade-meio vai ser retratada num determinado ato praticado por agente administrativo. (...)

Se meditarmos com serenidade, veremos que **não é o ato** que é complexo ou composto; a vontade-fim da Administração é que exige **vários atos** no processo de formação da vontade final. Esta é que resulta de processo complexo, e não o ato em si. Melhor, então, firmar a conclusão de que há certas vontades administrativas que somente consumam seu ciclo de formação se mais de um ato-meio for praticado em tal processo. É em relação a este, e só a este, que se poderá falar em **complexidade** ou **composição**." (CARVALHO FILHO, 2006, p. 115)

Sem pretender esgotar as classificações existentes, a doutrina identifica conflitos ou problemas, referidos como ineficiências, que ocorrem com mais ou menos frequência, a depender da configuração da delegação legislativa, podendo-se tratar de conflitos positivos ou negativos. Quando duas ou mais agências possuem atribuições que configurem a sobreposição de seus mandatos legais, na prática, pode haver um conflito, positivo ou negativo, que invariavelmente contribui para fragilizar as suas prerrogativas ao invés de fortalecê-las (SCHWARTZ, 1975).

O conflito positivo ocorre quando, a partir do mesmo fato e envolvendo o mesmo administrado, mais de uma agência atua no caso, dando causa a consequências adversas para a Administração Pública, tais como: o desperdício do recurso público, dupla atuação ou regulação inconsistente ou conflitante (SCHWARTZ, 1975).

Diante da hipótese em que se configura a sobreposição de atribuições, Schwartz defende a necessidade de cooperação ou coordenação entre as autoridades envolvidas para mitigar ou eliminar os mencionados efeitos negativos dessa sobreposição.

Ao analisar a relação estabelecida entre as agências *Federal Trade Commission* (FTC) e a *Food and Drug Administration* (FDA), no contexto norte-americano, Schwartz constatou haver a atuação de ambas as agências sobre as mesmas partes, configurando, portanto, o referido conflito positivo a ser evitado haja vista os possíveis resultados, tais como: ineficiência no uso dos recursos públicos, dupla exação sobre a mesma parte, sem contar a possibilidade de regulações conflitantes.

Nesse caso concreto, Schwartz entendeu que deve haver cooperação entre a FTC e a FDA para minimizar os prejuízos dessa sobreposição (1975, p. 1041-1042), uma vez que a atuação em duplicidade apenas seria justificada diante da hipótese em que nenhuma das autoridades envolvidas possua poderes suficientes para enfrentar todas as questões decorrentes do mesmo problema. Nesse caso, a atuação não seria idêntica, mas isso não afasta a necessidade de que as atuações das autoridades envolvidas sejam coordenadas para evitar injustiças.

Por sua vez, o conflito negativo, que também deve ser evitado por meio da cooperação ou coordenação, se configura no vácuo administrativo, ou seja, inexiste atuação por parte da autoridade legalmente competente, embora mais de uma detenha mandato legal para agir em determinado caso concreto (SCHWARTZ, 1975).

As consequências negativas da sobreposição de atribuições podem ser superadas pela cooperação que se faz possível por meio da institucionalização e utilização dos mecanismos formais de coordenação regulatória. Inclusive, essa cooperação entre agências pode ser fundamental para viabilizar a implementação de determinada regulação por outra agência (SCHWARTZ, 1975).

Em sua análise, Freeman e Rossi reconhecem que as delegações fragmentada e sobreposta representam desafios adicionais de gestão para a Administração Pública, pois seus efeitos desperdiçam potencialidades que essas agências possuem, como, por exemplo, o conhecimento técnico. Dentre as consequências da fragmentariedade e da sobreposição, destacam-se: pode haver duplicação, lacunas, ineficiências, redundâncias, e, nos dizeres dos autores, criação de "profundos desafios de coordenação" que carecem de pesquisa mais completa pela comunidade jurídico-acadêmica (2012, p. 1135).

No caso da sobreposição de atribuições das agências, as ineficiências guardam relação com o desperdício gerado por estruturas ou ações redundantes que poderiam, ao invés, constituir apenas um aparato ou uma única ação (FREEMAN; ROSSI, 2012, p. 1146). Freeman e Rossi, assim como Keith Bradley, entendem que o *Department of Justice* (DOJ) e a *Federal Trade Commission* (FTC) possuem atribuições sobrepostas ou, em outras palavras, compartilham o mesmo espaço regulatório.

No entendimento de Freeman e Rossi, uma estrutura una poderia dar lugar a ambas (2012, p. 1146), uma vez que, além do risco de prejuízo ao orçamento público, a possibilidade de editarem normas ou conduzirem a supervisão de forma conflitante fragiliza os seus respectivos mandatos legais e essa ineficiência é causa de inefetividade da política regulatória[5]. Efetividade regulatória, portanto, requer a coordenação entre agências, que pode ser compreendida como articulação, mútua cooperação e alinhamento em relação aos procedimentos e aos assuntos compartilhados[6].

No contexto em que são delegadas atribuições ou competências relacionadas a duas ou mais agências, configurando a delegação fragmentada, há ineficiências que vão além da inefetividade na consecução de suas funções administrativas e da ineficiência do uso de recursos públicos. O desafio em questão é a manutenção da consistência regulatória. Para exemplificar, considerando que a Administração Pública norte-americana é pródiga em exemplos explorados pela academia daquele país, menciona-se o caso das agências FDA, *United States Department of Agriculture* (USDA), *Department of Homeland Security* (DHS) e *Environmental Protection Agency* (EPA), em que todas exercem funções relacionadas à segurança alimentar[7].

5 Nesse sentido, "Consider the example of antitrust enforcement, which is shared by the Department of Justice (DOJ) and the Federal Trade Commission (FTC) and which, presumably, just one agency might do. While such overlapping agency functions perhaps most closely resemble what critics of redundancy describe, and probably present the clearest case of potential waste, even in this context the label "redundant" is misleading. Such overlaps may not be literally duplicative, since the two agencies may have different institutional features - for example, DOJ is in the executive branch while FTC is independent - that afford them certain strengths or equip them with different expertise, resources, and remedial tools. Where Congress taps two agencies to perform a single function without clarifying precisely the limits of their respective jurisdictions, however, the agencies must negotiate their relationship. The FTC and DOJ have experienced periodic rifts and disagreements over enforcement policy." (FREEMAN; ROSSI, 2012, p. 1146)

6 Pela pertinência, Freeman e Rossi assim entendem: "Effective administration thus requires the agencies to coordinate to some extent on matters of both process and substance - for example, deciding who will take the lead on what and how aggressive to be against which potential violations of law using which standards of proof." (2012, p. 1146).

7 "The Government Accountability Office (GAO) reviewed this fragmentation of authority in 2008 and concluded that it was characterized by "inconsistent oversight, ineffective coordination, and inefficient use of resources," all of which contribute to food safety risks." (FREEMAN; ROSSI, 2012, p. 1147)

Ainda sobre delegações de atribuições ou competências relacionadas, a doutrina estabelece um nexo de causalidade entre o aprofundamento da fragmentariedade decorrente desse modelo de delegação e o agravamento da exposição ao risco sistêmico, trazendo como exemplo a configuração do sistema financeiro norte-americano, em que instituições ou produtos financeiros são supervisionados ou regulados por várias agências, sem que haja alguma entidade responsável pela visão de todo o sistema.[8]

Quando se trata da delegação de competências que requerem a cooperação entre entidades, o mandato legal primário dessas agências não guarda relação direta com o que se pretende por meio dessa atribuição regulatória de atuação necessariamente cooperativa, o que significa um desafio maior, uma vez que a entidade precisa dar concretude a uma imposição legal que pode não ser prioritária em sua agenda regulatória. Há, nesse caso, uma interdependência que sujeita a governança regulatória ao risco de paralisação de certas atividades a serem realizadas pelos entes da Administração Pública que se inserem no contexto de compartilhamento de competências[9].

[8] Sobre o assunto: "Where the extent of fragmentation is severe, and no single agency has responsibility for the larger whole, related assignments can exacerbate the problem of systemic risk. Many regulatory problems raise systemic risks, but one of the best illustrations is the American approach to financial regulation, in which five federal agencies, some independent and some executive, play different roles in a regime of "sector-based" regulation. In this system, a single financial institution or financial product may be subject to regulation by multiple federal regulators, creating the potential for inconsistencies." This approach to financial regulation has been criticized in numerous studies and reports as redundant and duplicative on the one hand, and as woefully inadequate on the other, because it leaves certain nonbank financial institutions free of regulation and fails to address the risks posed by new financial conglomerates. The Dodd-Frank Wall Street Reform and Consumer Protection Act of 2010 overhauled key aspects of the system and created a new Financial Stability Oversight Council to address systemic risks. Yet much complexity remains in place. Congress did not substantially reduce or consolidate existing federal regulators, as some had proposed. Thus, information sharing and coordination remain significant challenges to the effective operation of the fragmented regime." (FREEMAN; ROSSI, 2012, p. 1148)

[9] A título de exemplo, Freeman e Rossi assim expõem: "For example, responsibility for border patrol is divided among several agencies, including federal resource managers such as the Bureau of Land Management (BLM), Bureau of Indian Affairs, National Park

Esse risco de paralisação fica mais evidente quando o compartilhamento de competência é oriundo do modelo de delegação que sujeita a realização de determinada atividade à vontade de outro ente administrativo, tal como ocorre no ato composto. A doutrina ressalta que se trata de verdadeiro poder de veto, uma vez que determinada atividade pode simplesmente não acontecer pela ausência de anuência da outra entidade.

Considerando as fragilidades até aqui mencionadas nesta seção de forma não exaustiva, o processo legislativo pode dar causa a disfuncionalidades relacionadas ao compartilhamento das atribuições regulatórias, gerando o desafio adicional da escolha do modelo de coordenação regulatória que deve ser implantado para mitigar os riscos. Freeman e Rossi entendem que todas as fragilidades relacionadas a esse compartilhamento de competências podem ser avaliadas sob a perspectiva da eficiência, da efetividade e da *accountability* (2012, 1150).

Não obstante todos os problemas que emergem do compartilhamento de competências, alguns dos quais mencionados acima, Teresa M. Schwartz reconhece haver consequências positivas na sobreposição de atribuições ou competências quando um dos atores não atua por variadas razões que exemplifica, como pressão política, falta de recursos orçamentários, ausência de conhecimento do fato, dentre outros, mas a outra autoridade com atribuição sobreposta atua dando a solução ao caso concreto (1975, p. 1031-1033). Outro benefício dessa sobreposição de competência é oriundo da competição que se estabelece entre as

Service, and Forest Service; regulators such as the Fish and Wildlife Service (FWS); and law enforcement agencies such as Immigration and Customs Enforcement (ICE) and Customs and Border Protection (CBP) within DHS. These agencies perform different functions, and have unique missions, under separate statutes. The federal land agencies must manage their resources to balance resource extraction with conservation. Although their primary duty is not border patrol, they manage most of the border territory, especially in the western United States. The FWS is responsible under the Endangered Species Act (ESA) for protecting vulnerable species, and since activity on the federal lands might imperil those species or undermine their recovery, the agency's interests are implicated in border patrol." (2012, p. 1148-1149) entidades, o que impactaria na forma de atuação do outro ente que, a seu ver, redobraria esforços para implementar a norma regulatória (SCHWARTZ, 1975, p. 1031-1033).

Algumas outras vantagens podem ser identificadas em determinados casos de compartilhamento de competências, a saber: "(1) concorrência construtiva entre agências; (2) melhor técnica na tomada de decisões; (3) seguro contra o fracasso de qualquer agência; (4) oportunidades de compromisso da agência; e (5) custos de monitoramento reduzidos para os supervisores político e público", em livre tradução (FREEMAN; ROSSI, 2012, p. 1151).

Nesta seção, buscou-se descrever algumas das categorizações teóricas dos modelos de delegação de competências às agências ou autarquias caracterizados pelo compartilhamento de competências ou responsabilidades, que dão origem a disfuncionalidades que podem ser superadas ou mitigadas por meio da institucionalização de mecanismos de coordenação regulatória que viabilizem a atuação dos entes administrativos de forma coordenada, articulada ou harmônica. Tais disfuncionalidades ensejam conflitos, positivos ou negativos, e geram falhas que afetam a eficiência do funcionamento das agências, a efetividade do sistema e deterioram as condições de *accountability* pelos agentes públicos, além de outras consequências supramencionadas. Esses efeitos específicos serão objeto de análise neste trabalho. A doutrina, contudo, não vislumbra apenas conflitos ou problemas dos vários modelos de compartilhamento de competências, sendo identificadas algumas repercussões consideradas vantajosas ao funcionamento sistêmico da Administração Pública descentralizada que foram mencionadas nesta seção.

Por fim, ressalta-se que a coordenação regulatória como meio para mitigar ou evitar os impactos negativos dos modelos de delegação de competências redundantes pressupõe a descentralização da Administração Pública. Alternativamente, há autores que defendem a consolidação de estruturas do âmbito da Administração Pública. O cotejo entre consolidação e coordenação será objeto da próxima seção.

1.3 Consolidação *versus* Coordenação Regulatória

A consolidação é alternativa à coordenação regulatória e requer a redefinição dos mandatos legais das agências para suprimir as competências compartilhadas e/ou reorganizar da Administração Pública, ensejando, por conseguinte, a diminuição da descentralização administrativa. A doutrina referenciada considera a coordenação regulatória como melhor escolha em relação à consolidação.

A ideia do processo de tomada de decisão multiagência desenvolvida por Sirico denota a concepção favorável que se pode ter da configuração do sistema administrativo descentralizado com compartilhamento de atribuições ou competências regulatórias decorrentes da delegação legislativa com sobreposição ou duplicação, uma vez que permite contemplar as diversas preferências dos grupos sociais, hegemônicos e aqueles, via de regra, subrepresentados, conferindo maior legitimidade e viabilizando maior *accountability* dos tomadores de decisão no contexto da agência, principalmente quando se trata da definição da política pública (SIRICO, 1980).

Apesar dos conflitos advindos dessa redundância, Sirico vislumbra benefícios desse compartilhamento quando se trata de neutralizar ou mitigar a influência de grupos de pressão sobre determinada agência, que detém responsabilidades compartilhadas com uma ou mais congêneres (1980, p. 112). Dentre os argumentos favoráveis à redundância, Sirico mencionou ter sido essa a vontade dos pais fundadores do país norte-americano, haja vista o federalismo, a separação de poderes, o Legislativo bicameral, viabilizando "interwoven and competing redundancies check the concentration and abuse of power" (1980, p. 122).

Schwartz analisou a redundância de responsabilidades relacionadas à saúde e à segurança do consumidor entre a EPA e a *Consumer Product Safety Commission* (CPSC). Essas duas agências federais, em certa medida, compartilham responsabilidades com outras três agências, USPS, FTC e FDA, que devem, na visão da autora, fazer uso de mecanismos de coordenação regulatória[10] com vistas a aprimorar a consistência e a efetividade regulatória quando se tratar de assuntos de mútuo interesse (SCHWARTZ, 1975, p. 1052, 1065), sendo essa uma tendência crescente (SCHWARTZ, 1975, p. 1073). Tanto a EPA quanto a CPSC, por sua vez, foram objeto de esforços no sentido da consolidação em apenas uma agência, mas Schwartz concluiu não haver uma relação direta entre consolidação e superação das falhas decorrentes da redundância (1975, p. 1066).

Nesse sentido, apesar das desvantagens da manutenção da configuração regulatória relativa à segurança e saúde dos consumidores compartilhada entre várias agências da esfera federal dos Estados Unidos, reformas estruturantes com o intuito de consolidar algumas das agências não garantem a superação dos problemas associados à redundância, segundo Schwartz (1975, p. 1074). Ainda, a realidade parece apontar para a manutenção dessa configuração em razão dos benefícios agregados ao próprio consumidor, que passa a ter múltiplas ou várias camadas de proteção, pois mais de uma agência que exerce esse papel (1975, p. 1074). Schwartz defende, portanto, a implementação de mais mecanismos formais de coordenação regulatória ao invés da mera consolidação estrutural (1975, p. 1075)[11].

10 Nesse sentido: "In addition to the numerous existing jurisdictional overlaps among agencies charged with protecting consumer health and safety, the future promises increased need for agency coordination as potentially hazardous substances, which are used in products falling within the jurisdictional boundaries of several agencies, are introduced into the marketplace, and as substances now in use are discovered to be injurious to consumer health or safety." (SCHWARTZ, 1975, p. 1073)

11 Pela importância, transcrevemos: "Attention should be focused not upon restructuring agency jurisdictions but rather upon structuring adequate liaison relationships between the various agencies. There are marked differences in the current liaison arrangements, ranging from formalized agreements which delineate in considerable detail the jurisdictional province of each agency, to informal, ad hoc arrangements. In one case of concurrent jurisdiction, no liaison relationship has been established. These variations largely reflect the nature of the agencies' jurisdictional overlaps. Where the shared jurisdiction is complex, specific agreements are necessary to delineate responsibility; where the shared jurisdiction is very broad, informal relationships have been established. In these latter instances, more formalized working agreements appear to be desirable." (SCHWARTZ, 1975, p. 1075)

A esse respeito, Freeman e Rossi elencaram as seguintes razões pelas quais entendem que a consolidação, por si só, pode não ser a alternativa para superar as disfuncionalidades decorrentes do compartilhamento de competências entre agências, considerando o contexto norte-americano (2012, p. 1151-1155):

1. os custos políticos para a reorganização administrativa no sentido da diminuição da descentralização ou, simplesmente, maior centralização;
2. os limites constitucionais e legais que não autorizam a implementação de uma reorganização administrativa apenas pelo Poder Executivo Federal, havendo necessariamente a participação do Legislativo;
3. Não há evidências de que a consolidação consiga cumprir os seus propósitos; podendo haver, na visão dos autores, mera realocação dos problemas decorrentes das redundâncias e suas ineficiências[12]; e
4. A consolidação significa a perda das vantagens decorrentes do modelo administrativo descentralizado com competências compartilhadas[13].

[12] A título de ilustração, no âmbito do sistema financeiro norte-americano: "The same argument applies to proposals to consolidate the numerous federal financial regulators: they simply would convert an interagency coordination problem into an intra-agency problem. Thus the choice of organizational form - a single regulator versus multiple regulators - may be less important for effectiveness than are coordination and information sharing". (FREEMAN; ROSSI, 2012, p. 1154)

[13] Freeman e Rossi identificam algumas das vantagens da configuração compartilhada de competências que deixariam de existir na hipótese da consolidação: "Finally, there are potential downsides to consolidation, including the loss of the benefits of functional fragmentation, like interagency competition and accountability, which shared jurisdiction is thought to provide and which targeted coordination efforts might preserve". (2012, p. 1154)

1.4 Importância da coordenação regulatória

O aprimoramento da coordenação regulatória contribui para superar desafios à governança regulatória decorrentes dos diferentes modelos de delegação legislativa de competências às agências, que, em comum, dão origem ao compartilhamento de atribuições por essas entidades. Pode-se dizer que os referidos desafios guardam relação com os efeitos desse compartilhamento sobre a eficiência, a efetividade e a *accountability* das entidades.

Segundo Baldwin, Cave e Lodge, preocupações relativas à eficiência, efetividade, *accountability* e justiça do sistema estiveram no foco do debate sobre regulação no final do século XX e, desde então, permanece a agenda da reforma regulatória, principalmente nos campos econômico e social.

Nesse contexto, houve discussões sobre diversos tópicos na seara da regulação, dentre as quais, incluem-se questões sobre o grau de "fragmentariedade, sobreposição e foco dos regimes regulatórios", o que modificou a perspectiva das pesquisas sobre o assunto, diante da constatação de que "estudar regulação examinando apenas uma única agência reguladora significa adotar um ponto de vista limitado" (BALDWIN; CAVE; LODGE, 2011, p. 8-9).

Superadas muitas das controvérsias relativas à importância das agências, as questões à mesa passaram a englobar preocupações sobre como regular com o objetivo de alcançar a melhoria da qualidade regulatória. A crise financeira de 2008, segundo Baldwin, Cave e Lodge, reforçou a relevância desse debate (2011, p. 10)[14].

Como premissa para tratar da importância da coordenação regulatória, é digno de nota a constatação de Keith Bradley no sentido de que o

[14] A esse respeito: "The financial crisis also added to global regulation debates on such matters as how systemic risks could be coped with across jurisdictions, and how national regulators (through the Basel III agreement) could coordinate their 'macroprudential' actions and impose capital requirements to cope with overheated national economies." (BALDWIN; CAVE; LODGE, 2011, p. 10)

modelo dos procedimentos administrativos adotado pelas agências impacta os seus resultados, assim como a forma de organização do sistema administrativo afeta o próprio conteúdo da regulação produzida por essas entidades (2011, p. 748).

Seguindo esse raciocínio, é possível dizer que o grau e a forma de articulação, cooperação ou coordenação regulatória entre agências ou entidades de supervisão igualmente impactam o resultado e o conteúdo do que é produzido por esses entes da Administração Pública. Além disso, tendo em vista que a deficiência da supervisão em espaços de atribuição compartilhada impacta negativamente a consistência das normas editadas pelas entidades, bem como a segurança jurídica de todas as partes interessadas do setor regulado[15], torna-se mais premente a utilização de mecanismos de coordenação regulatória.

A partir da sua análise do desenho das interações entre as agências norte-americanas e a despeito das especificidades do desenho administrativo dos Estados Unidos da América (EUA)[16] no qual o Poder Executivo pode exercer maior influência a depender do estatuto legal da agência

15 Nesse sentido, o *OECD Regulatory Policy Working Papers nº. 17*: "Lodge argues that the use of regulation is generally constrained by four deficits: i) lack of oversight; ii) lack of participation; iii) lack of attention to incentives; iv) lack of adaptability. 1 The lack of oversight also leads to a deficit in the consistency and predictability of regulation and can be aggravated by the presence of multiple regulators and the fragmentation of tasks, leading to incoherent and incomplete responses. A participation deficit imposes challenges in engaging stakeholders in the regulatory process and the risk of capture and lack of representativeness of the engagement process that questions the legitimacy of regulation. The lack of attention to individual incentives relates to the prescriptive nature of regulation that may fail to obtain the expected responsiveness in the regulated and the public at large. Finally, a deficit of adaptability can lead to a lack of flexibility and diversity of regulatory instruments. It ultimately calls into question the overall efficiency of regulation. Each of these deficits may call for a different response and even lead to contradictory results and may in turn call for more oversight in regulatory policy, although increasing oversight is at the same time constrained by limited and scarce resources as well as by political considerations (OECD, 2015)". (2022, p. 10)

16 A doutrina tradicional das agências reguladoras, tal como originadas nos EUA, descreve essas entidades, considerando a esfera federal, a partir dos seus mandatos que podem conferir-lhes grau variável de independência, a depender do quanto se sujeitam à influência administrativa do Poder Executivo; cabendo-lhe formular e implementar as políticas públicas em determinado setor regulado (BRADLEY, 2011, p. 747).

conferindo maior ou menor independência para atuação regulatória, Keith Bradley constatou que a força do modelo decorre da sua descentralização administrativa e não o oposto, de forma que as relações interagências formam uma importante rede de mútua influência (2011, p. 746-747).

Para concretizar o seu propósito de criação, segundo Keith Bradley, as referidas agências detêm prerrogativas e funções que permitem margem de discricionariedade para definir prioridades, elaborar políticas públicas alinhadas a essas escolhas, determinar estratégias regulatórias e forma de implementá-las (2011, p. 747). Além disso, conforme as lições de Bradley, o desenho dessas interações pode afetar inclusive o grau de influência que o Poder Executivo pode exercer sobre a entidade para manipular a sua condução (2011, p. 748).

Ainda, essas interações, que são intencionais, não devem ser limitadas à competição para ocupar espaços de poder, uma vez que servem também como mecanismos de mútua contenção regulatória, ou seja, cada agência tem possibilidade de limitar a atuação discricionária da sua congênere (BRADLEY, 2011, p. 748)[17].

Apesar de o detalhamento da causa do compartilhamento das atribuições ou competências legais das agências não ser escopo desse trabalho, é importante mencionar que, ao analisá-la, no contexto federal norte-americano, Freeman e Rossi expuseram a possibilidade de que se trate da consequência de um sistema congressual, por meio da atuação de seus comitês, em que os parlamentares são incentivados a delegar atribuições às agências para garantirem orçamentos necessários à supervisão dessas entidades (2012, p. 1139).

Ademais, o custo político e a conciliação de preferências de grupos políticos diferentes tornam-se mais viáveis diante da possibilidade de

[17] A esse respeito, Keith Bradley assim entende: "The basic mechanism of agency interactions is that one agency's freedom of action is somewhat restricted by the control or influence that other agencies have over its choices. If we regard regulation as a series of decisions, this first agency (the "action agency") exercises discretion at each decision". (2011, p. 750)

delegação de atribuições para mais de uma agência, isto é, essa solução parlamentar confere mais vantagens comparativamente à delegação para apenas uma agência, ou criação de nova entidade (FREEMAN; ROSSI, 2012, p. 1139-1142). A consequência direta dessa que pode ser a causa das delegações duplicadas e sobrepostas, no contexto norte-americano, criando espaços de compartilhamento de atribuição é, portanto, o desafio da coordenação regulatória.

Por mais teratológica que pareça, mesmo que se constate que o resultado do compartilhamento de competências tenha decorrido de equívocos da atuação parlamentar no âmbito dos comitês, o retorno ao *status quo ante* esbarra na resistência do processo legislativo e da própria burocracia em função da lógica estabelecida que contribui para financiamento dos próprios comitês e favorece, de certo modo, a opacidade criada pela complexidade do sistema norte-americano que torna difuso o processo de responsabilização dos envolvidos (FREEMAN; ROSSI, 2012, p. 1144).

A coordenação regulatória, nesses casos, poderia ser utilizada como mecanismo adequado para neutralizar os seus efeitos, mas, na prática, se constata que pode ser objeto de resistência por aqueles que se beneficiam da complexidade regulatória.

Por outro lado, Freeman e Rossi constatam que, a depender do caso concreto, o próprio Congresso pode ter interesse na superação das disfuncionalidades oriundas de equívocos legislativos quando benefícios puderem ser gerados a partir do funcionamento harmônico das agências dos vários setores regulados. Nessas situações, a coordenação regulatória pode ser defendida pelo próprio Congresso (2012, p. 1144)[18].

Por sua vez, a OCDE, por meio do *Regulatory Policy Working Papers* nº 17 intitulado *Defining and Contextualising Regulatory Oversight and*

[18] Nesse ínterim, ainda no contexto norte-americano, Freeman e Rossi dão notícia de que "in recent years, Congress itself has adopted various mechanisms to promote interagency coordination to mitigate the dysfunctions of certain regimes that have evolved over time" (2012, p. 1144).

Co-ordination, ao mencionar as limitações da regulação[19], na visão de Lodge, estabeleceu relação de causalidade entre a ausência de supervisão e "ausência de consistência e previsibilidade da regulação, com a possibilidade de agravamento desse cenário em razão da presença de múltiplos reguladores e fragmentação de atribuições, levando à incoerência e respostas incompletas" (LODGE *apud* OCDE, 2022, p. 10).

O *Working Paper* nº 17 elenca 5 áreas da supervisão regulatória, incluindo a coordenação, à qual correlaciona a coerência administrativa, e estabelece uma classificação das suas funções quanto à essencialidade (OCDE, 2022, p. 13). Em livre tradução, são consideradas essenciais as seguintes funções:

> (i) a promoção de uma abordagem coordenada de toda a Administração objetivando a qualidade regulatória; (ii) a coordenação de determinadas atividades do ciclo da governança regulatória; (iii) a adoção da política regulatória em cada ciclo da governança regulatória com mitigação de conflitos; (iv) a facilitação e garantia da utilização dos mecanismos de coordenação regulatória entre órgãos (ministérios, departamentos, secretarias, etc) da Administração Pública. (OCDE, 2022, p. 14)

As funções não-essenciais estariam relacionadas ao planejamento regulatório, à formalização de acordos de cooperação e ao trabalho de assessoramento ou participação no ciclo da governança regulatória por outras instituições (OCDE, 2022, p. 14).

1.4.1 Coordenação regulatória e eficiência

Eficiência, segundo Moreira Neto, é "a palavra-chave dos processos de mudança políticos, sociais e econômicos, introduzidos pela globalização

[19] Na visão da Lodge, citado por OCDE no Working Paper nº 17, a regulação pode ter as seguintes limitações, a saber: "(a) ausência de supervisão; (b) falta de atenção aos incentivos; (c) ausência de participação; (d) falta de adaptabilidade" (LODGE *apud* OCDE, 2022, p. 10).

no Estado em mutação" (2006. p. 249). A doutrina sobre regulação utiliza a noção de eficiência desenvolvida no campo da ciência econômica. Sob esse ponto de vista, as escolhas do agente público devem ser pautadas pela eficiência, considerando-se a necessidade de alocar os limitados recursos do orçamento do Estado e, nesse sentido, dar concretude às políticas públicas com o objetivo de cumprirem os mandatos legais das entidades da Administração Pública.

Embora a regulação possa ser justificada também por razões não--econômicas (SUSTEIN, 1990), sob a perspectiva econômica, pode-se dizer que o Estado Regulador age para superar falhas de mercado (MAJONE, 2017) que geram ineficiências alocativas (PINHO; VASCONCELLOS; TONETO JR (Org), 2017, p. 257).

Essas falhas de mercado afastam as estruturas econômicas do modelo da concorrência perfeita que seria o mais próximo do ideal, segundo a teoria econômica clássica, e se originam da vontade das pessoas (externalidades positiva e negativa), das estruturas de mercado (concorrência imperfeita, monopólio e oligopólio); da assimetria informacional; e dos bens públicos, que, por sua natureza, são não rivais e não excludentes (PINHEIRO; SADDI, 2005). Pindyck e Rubinfeld, no mesmo sentido, entendem que há, portanto, 4 razões básicas que justificam as falhas dos mercados competitivos, são elas: "poder de mercado, informações incompletas, externalidades e bens públicos" (2013, p. 618).

Se a atuação do Estado Regulador para superar essas falhas não lograr o objetivo pretendido vis-à-vis os resultados alcançados e ocasionar novas disfuncionalidades, constata-se que, no mundo das possibilidades, a política pública adotada talvez não tenha refletido a melhor decisão e que os meios empregados para materializar as escolhas políticas tenham sido ineficientes, caracterizando-se, portanto, as falhas de governo (PORTO; GAROUPA, 2020), cuja noção fora desenvolvida pela escola da escolha pública (ou *public choice*) (MAJONE, 2017). Em outras palavras, a atuação eficiente do Estado Regulador é fundamental para resolver as falhas de mercado.

Nesse contexto, considerando que a informação é o insumo necessário para a atuação em rede das autarquias especiais do SFN e diante da configuração do modelo atual fragmentado de delegação de suas competências, é possível dizer que por meio do aprimoramento dos instrumentos formais de coordenação regulatória podem ser superados os efeitos decorrentes da falha relativa à assimetria informacional existente entre as referidas entidades.

No contexto brasileiro, a eficiência é princípio constitucional previsto no *caput* do artigo 37, que fora introduzido pela Emenda Constitucional nº 19, de 04 de junho de 1998, e se relaciona à otimização ou maximização da utilização de algum recurso, a partir da análise do custo-benefício. Essa concepção, em linhas gerais, corresponde à visão utilitarista da teoria microeconômica, que traduz eficiência como a maximização da utilidade ou da satisfação gerada pelos bens ou serviços, tendo em vista que a pessoa visa à satisfação de suas necessidades e de seus interesses (PORTO; GAROUPA, 2020; COOTER; ULEN, 2012).

Ainda, a análise econômica remete também aos conceitos de eficiência conhecidos por Eficiência ou Ótimo de Pareto e Eficiência de Kaldor-Hicks. O parâmetro desenvolvido na eficiência de Pareto determina que uma solução é eficiente na medida em que há ganhos de satisfação ou utilidade para alguém sem que, para tanto, outrem precise perder (COOTER; ULEN, 2012). Ao passo que na eficiência de Kaldor-Hicks, a partir da análise do custo-benefício, a solução é eficiente quando o somatório dos resultados de ganhos de satisfação e utilidade compensar as perdas. Em outras palavras, os benefícios superam os custos privados ou sociais das decisões (COOTER; ULEN, 2012). A análise de eficiência de Kaldor-Hicks é comumente utilizada na formulação econômica dos entes estatais.

Ao tratar da boa regulação e diante da constatação de que não se limita apenas à análise sob o prisma econômico da eficiência, Baldwin, Cave e Lodge ressaltaram a necessidade de haver critérios ou parâmetros claros que viabilizem avaliar se se está diante de um sistema regulatório que atenda à expectativa, ou que seja considerado aceitável, ou passível de reformas (2011, p. 25). Para tanto, desenvolveram um *Checklist*, na forma de 5 perguntas, que contempla as características inerentes a essa boa regulação (BALDWIN; CAVE; LODGE, 2011, p. 26-27).

Por meio desse *Checklist*, são analisados critérios relacionados à legitimidade, que se funda no mandato legal; à *accountability* ou prestação de contas; aos mecanismos de acesso; ao conhecimento técnico necessário; e à eficiência (BALDWIN; CAVE; LODGE, 2011, p. 26-27)[20].

No pilar eficiência, há problemas associados que reclamam soluções específicas. Dentre esses problemas, destaca-se a dificuldade relacionada à aferição do cumprimento do próprio mandato legal pelas agências, uma vez que nem sempre as atribuições estão claramente definidas na Lei; ou falta a implementação de ferramentas de gestão que definam, a partir dos procedimentos e processos, medidas que permitam aferir se houve o atendimento do objetivo; desafios associados à análise do custo-benefício; opacidade relacionada aos riscos associados ao processo decisório; dentre outros.

Diante do contexto de compartilhamento de atribuições entre agências, pode-se dizer que a coordenação regulatória favorece a eficiência, na medida em que contribui para superar a assimetria informacional e, por conseguinte, reduzir os custos associados ao processo decisório no âmbito da agência. Apesar disso, há quem defenda posicionamento contrário sob alegação de que há incremento desses custos em razão da participação de mais agentes no processo decisório.

20 "More plausible than wealth maximization is an approach to regulatory evaluation that involves looking at those arguments that have general currency when regulatory arrangements and performance are discussed in the public domain. Certain arguments have force in debating whether this or that regulatory action or regime is worthy of support (is 'legitimate'). These arguments involve reference to one or more of five key tests: Is the action or regime supported by legislative authority? Is there an appropriate scheme of accountability? Are procedures fair, accessible, and open? Is the regulator acting with sufficient expertise? Is the action or regime efficient?" (BALDWIN; CAVE; LODGE, 2011, p. 26-27)

Neste ponto, a doutrina reconhece que, no processo decisório, pode haver maior dispêndio de recursos públicos quando recém-implantados mecanismos de coordenação regulatória[21], mas também ressalta que é imperioso considerar os custos cumulativos mencionados por Freeman e Rossi, em livre tradução, a saber: "a linha de base apropriada deve incluir o custo, ou pelo menos o risco, de inconsistência, desperdício, confusão e incapacidade sistêmica de atingir os supostos objetivos legais" (2012, p. 1182).

Partindo da premissa de que a complexidade do sistema regulatório é fator que onera as suas partes interessadas, especialmente os regulados, ainda no contexto do ganho de eficiência, considerando o compartilhamento de atribuições ou competências, a coordenação regulatória contribui para a redução dos custos privados de transação, uma vez que o alinhamento das entidades tem potencial para aprimorar algumas das funções exercidas por ambas. Além disso, a coordenação regulatória pode reduzir as ações necessárias pelos regulados para ficarem aderentes às regras editadas conjuntamente, uma vez que as normas tendem a ficar mais consistentes e simplificadas, evitando-se a repetição de procedimentos que passam a ser aproveitados pelos entes administrativos, de forma mais transparente. Por fim, por meio de coordenação regulatória, as autoridades podem elaborar uma agenda regulatória que priorize os assuntos em comum, disciplinando de forma sistemática as suas implicações, dentre outros[22].

21 No mesmo sentido: "At the same time, while costs may rise in the short term, greater coordination could lower net transaction costs over time by enabling agencies to deal early on with problems that could later become more costly or intractable, including conflicting interpretations of legal requirements, vaguely specified program elements, and incompatible compliance requirements. These types of problems might arise in all of the delegation categories described in section I.B - in cases of overlapping agency functions, related or interacting jurisdictional assignments, and delegations requiring concurrence" (FREEMAN; ROSSI, 2012, p. 1182)

22 A esse respeito: "Generally, the regulated community should prefer coordinated policymaking to the alternative, since it tends to reduce the risk of wasteful duplication and inconsistency in the regulatory process, and it provides the community with more predictability and uniformity." (FREEMAN; ROSSI, 2012, p. 1183)

De forma indireta, a vantagem da coordenação regulatória eficiente mitiga ou elimina a possibilidade de os envolvidos tentarem se valer das fragilidades do compartilhamento de atribuições como mecanismo indutor do seu comportamento, como ocorre, por exemplo, quando não há alinhamento de entidades e isso gera conflito positivo, de forma que o regulado opta por submeter seu pleito ou apresentar tese defensiva relacionado a determinado fato concreto perante a entidade que acredita ter maior possibilidade de acolher o seu argumento. Trata-se de fenômeno denominado *forum shop* que se beneficia de realidades administrativas mais complexas[23].

1.4.2 Coordenação regulatória e efetividade

A Recomendação de 1995 da OCDE estabeleceu relação direta entre a qualidade regulatória e a efetividade do sistema (1995, p. 11). A reforma regulatória desejada pelos países-membros da OCDE tinha por objetivo superar problemas surgidos nos, cada vez mais, complexos sistemas regulatórios por meio do aprimoramento da qualidade regulatória, que será objeto de seção específica deste trabalho.

A partir da institucionalização de mecanismos formais, a coordenação regulatória contribui para a efetividade do sistema regulatório por potencializar os conhecimentos técnicos especializados e aprimorar a qualidade do processo decisório, tornando, como consequência, mais consistentes as normas e decisões.

Não se pode dizer que toda interação ou articulação ou coordenação regulatória que se estabeleça entre entidades do espaço regulatório compartilhado vai contribuir para a melhoria da qualidade regulatória supramencionada. Há questionamentos doutrinários a esse respeito[24].

23 Freeman e Rossi desenvolvem esse aspecto ao mencionarem que "Conceivably, however, regulated entities might sometimes prefer fragmentation to coordination, to the extent that it allows firms to play one agency against another in an effort to weaken regulation overall, or to forum shop among regulators." (2012, p. 1183)

24 "There is no guarantee that decision "quality" will improve simply as a result of such interactions, however. Quality is an elusive concept that exists somewhat in the eye of

Os países-membros da OCDE, por sua vez, começaram a desenvolver *Checklists* e princípios norteadores com o objetivo de aprimoramento do processo decisório para alcançarem patamares mais consistentes de melhoria em ambientes regulatórios cada vez mais complexos (1995, p. 13).

Por ocasião da reunião da OCDE, em maio de 1993, liderada pelo seu *Public Management Committee* (Comitê de Gestão Pública, em livre tradução), concluiu-se que a estratégia de adotar *Checklists*, desde que devidamente elaborados e utilizados pelos países-membros, resultam em maior efetividade e transparência dos sistemas regulatórios nacionais (1995, p. 13).

1.4.3 Coordenação regulatória e accountability

Luis J. Sirico Jr apresentou uma perspectiva positiva do compartilhamento de competências ao correlacionar a redundância, especificamente duplicação e sobreposição, das atribuições regulatórias ao que chamou de processo de tomada de decisões multiagência (no original, *multiagency decisionmaking process*) (1980, p. 101).

Na visão de Sirico, esse processo de tomada de decisão multiagência contribui para que diferentes grupos sociais, incluindo grupos subrepresentados ou minoritários no sentido sociopolítico, tenham a possibilidade de participar das decisões regulatórias no âmbito da Administração Pública e eventualmente fazendo prevalecer suas preferências, o que confere maior legitimidade ao processo e, por conseguinte, a *accountability* por parte dos agentes públicos (1980, p. 101-102). Ao tratar do compartilhamento de competências e da legitimidade do processo

the beholder. In administrative law, courts assess decision quality largely based on procedural regularity and on evidence that the agency has considered the legally relevant factors, assessed relevant information, and exercised reason. To the extent that coordination improves the analytic basis for decisionmaking by adding data and expertise, and also by diversifying the perspectives an agency takes into account, we think it is likely to make decisions better and more likely to survive judicial review." (FREEMAN; ROSSI, 2012, p. 1185) administrativo, o autor questiona *accountability* para quem. (SIRICO, 1980, p. 103)

Pode-se dizer que a tese defendida por Sirico parte da premissa de que a prestação de contas pelos agentes públicos deve contemplar o maior número possível das preferências dos vários grupos sociais que se consideram subrepresentados, e não apenas aqueles grupos hegemônicos da sociedade norte-americana, que é plural em sua composição (1980, p. 103-104). Dessa forma, ficam contemporizados interesses da maior parte da sociedade, a que devem os agentes públicos, por meio da *accountability* política, prestar contas.

Segundo Sirico, há estreita relação entre legitimidade e prestação de contas, pois "a conduta é eficaz se não só cumprir este critério mínimo de legitimidade, mas também reduzir a probabilidade de descontentamento político", em livre tradução (1980, p. 105). Em outras palavras, a atuação regulatória não se limita à relação entre agência-regulado[25], devendo ser considerados diferentes pontos de vista das partes interessadas, principalmente no processo decisório das agências, o que se torna possível num contexto de compartilhamento de competências, apesar dos conflitos que surgem dessa configuração do Estado Regulador (SIRICO, 1980, p. 106-108).

Apesar desses conflitos, pelos argumentos de Sirico, o modelo de compartilhamento de atribuições pode contribuir para superar as críticas endereçadas à *accountability*, quais sejam: a primeira, guarda relação

[25] "According to this analysis decisionmakers in federal agencies should consider the positions of significant societal interests. An agency, however, need not act as if it were a trade association for its regulatees. It should screen the arguments of regulatees, competitors, and consumers through a public interest filter and consider such values as economically efficient resource allocation, social equality, distribution of wealth, moral principles, and duties to nature. To the extent that the process gives attention to the concerns of underrepresented and unrepresented interests, including future generations, it enhances legitimacy.36 Deliberation may lead the agency to make a determination contrary to all the arguments placed before it. At a minimum, however, the process should insure participating groups access to a listening ear and a voice in the ultimate decision. This fact in itself would enhance the legitimacy of the process". (SIRICO, 1980, p. 111)

com as ferramentas utilizadas pelos poderes constituídos para assegurar a prestação de contas do sistema administrativo, pois "os ramos constitucionais carecem, de fato, de instrumentos de controle suficientemente eficazes", em livre tradução. A segunda, ainda que superada a questão relacionada às ferramentas de controle, está relacionada a não correspondência das escolhas regulatórias às preferências sociais, de forma que "avançariam políticas que refletem de forma inadequada o que a sociedade considera politicamente aceitável" (1980, p. 106), em livre tradução.

Essa concepção desenvolvida por Sirico apenas faz sentido no Estado Democrático de Direito. A esse respeito, Segundo Robert Dahl, em Poliarquia, "a característica-chave da democracia[26] é contínua responsividade do governo às preferências de seus cidadãos, considerados politicamente iguais" (2005, p. 25-26)[27]. Ainda, segundo Dahl, a manutenção

26 É possível dizer que a *accountability* só se torna possível quando o Estado Regulador é também Democrático de Direito, cuja conformação comporta a separação das funções em Poderes que, por meio do mecanismo de freios e contrapesos, exercem a sua contenção, além da existência de direitos e garantias fundamentais constitucionalmente conferidos aos cidadãos. A *accountability* como elemento central da definição da democracia (SCHMITTER; KARL, 1991 apud LINDBERG, 2013, P. 203) já evidenciava uma tendência no final do século XX que se confirmou após 10, 15 anos, segundo menciona Lindberg, a partir de quando houve uma proliferação de conceitos com vários significados e dimensões (2013, p. 203).

27 A esse respeito, Lindberg esclarece a importância da *accountability* para o conceito moderno de democracia, a saber: "Having authoritative responsibility is thus an important aspect of accountability. This, of course, does not negate the possibility that having overlapping layers of accountability relationships creates a stronger bulwark against the undesirable use of authority as argued by e.g. Day and Klein (1987), Finn (1993), Fisse and Braithwaite (1993), Romzek and Dubnick (1987), and Stone (1995). But it explains why accountability has always the liking of the substantial decision by all, which satisfies the right to self-government. Yet, the etymological understanding of democracy leaves out the other side of the coin (Sartori, 1987: 30). Rule of the people is exercised over the very same people, and to be workable any modern form of national democracy must be representative, thus representation became grafted upon democracy (Hindess, 2000). This understanding of democracy induces a particular kind of vertical political accountability (Schedler, 1999), and with modern notions of democracy in larger more complex political systems, accountability has taken on paramount significance (e.g. Moncrieffe, 1998; Schmitter and Karl, 1991)". (LINDBERG, 2013, p. 208-209)

dessa responsividade pressupõe três condições necessárias, que devem ser, de forma plena, oportunizadas aos cidadãos e podem ser assim sintetizadas: o direito de 1. formularem suas preferências; 2. poderem exprimi-las; e 3. ter essas preferências consideradas (2005, p. 25-26). Para cada condição necessária mencionada, haveria uma série de garantias institucionais, inicialmente oito e, após a edição da obra *On Democracy*, em 1998, de Dahl, seis, sendo que o grau de inclusão do cidadão e sua capacidade de controle, nesse sistema político, seriam proporcionais às suas possibilidades de oposição e de participação (2005, p. 27).

O´Donnell, por sua vez, expôs que a divisão de funções e o necessário equilíbrio entre agências demandam uma série de controles institucionais, que são tão antigos quanto à desconfiança do poder existente na sociedade humana e, portanto, nos primórdios da democracia e do republicanismo (2003, p. 41-42).

Esse controle pode-se dar por meio da *accountability* vertical, horizontal e diagonal. Quando se trata da prestação de contas horizontal, Guillermo O´Donnell[28, 29] explica que não se trata de qualquer tipo de intercâmbio entre agências ou entidades, pois se trata de uma interação específica, legalmente fundamentada, que vai além da mera troca informacional ou controle.

> State agencies and individual agent(s)1 interact in many ways; often they make and do not make decisions because de facto or de jure they take into account the jurisdiction, the decisions, and the preferences of other

[28] Segundo Guillermo O´Donnell (2003, p. 34) *accountability* horizontal pode ser conceituada como "The existence of state agencies that are legally enabled and empowered, and factually willing and able, to take actions that span from routine oversight to criminal sanctions or impeachment in relation to actions or omissions by other agents or agencies of the state that may be qualified as unlawful. (O'Donnell 1999a: 38)".

[29] Não há resposta acabada quanto aos requisitos necessários e suficientes para viabilizar a accountability horizontal, mas "informação confiável e adequada é essencial", segundo Guillermo O´Donnell (1998, p. 50). A busca pela accountability horizontal efetiva passa pela formação de rede de agências e, no caminho rumo ao objetivo, deve ser agregado alto grau de transparência (O´DONNELL, 1998, p. 46-47).

> agencies, public and otherwise. In this sense, the interacting agencies are in a relation of mutual control and/or, as Moreno et al. (this volume) put it, of exchange. This is a broad category that covers many kinds of intrastate interactions. This category is not what, according to my definition, HA is. HA refers to a subset of these interactions. It deals exclusively with those that share a common characteristic: they are undertaken by a state agency with the explicit purpose of preventing, cancelling, redressing and/or punishing actions (or eventually non-actions) by another state agency that are deemed unlawful, whether on grounds of encroachment or of corruption. This concept delimits a particular kind of interaction among state agencies, narrower than the whole set of controls and exchanges among these agencies. In all cases of HA, a given state agency, directly or by means of mobilizing another agency (often a court) addresses another state agency (or agencies), on the basis of legally-grounded arguments about presumably unlawful actions or inactions of the latter. We may want or not to label this kind of situation 'horizontal accountability;' the only real issue is if the concept, as defined, conveniently designates an important or interesting kind of interaction among some state agencies. (O´Donnell, 2003, p. 35)

A doutrina traz o entendimento de que a prestação de contas pode ocorrer porque se é obrigado ou pode vir a ser obrigado a fazê-lo ou, a depender da circunstância, ocorre voluntariamente[30]. Considerando a

[30] A *accountability* vertical decorre da primeira hipótese, qual seja: existe uma relação de poder que exige ou tem a possibilidade de exigir o cumprimento de determinada conduta, em razão do que o obrigado deve explicar e justificar as suas ações. Trata-se das hipóteses de accountability política, hierárquica, corporativa ou organizacional, dentre outras. (BOVENS, 2006, p. 20).

Por sua vez, as hipóteses de *accountability* social, legal, dentre outras, em que a obrigação decorre de Lei ou a prestação de contas ocorre de forma voluntária, são classificadas como horizontais (BOVENS, 2006, p. 21) e não possuem uma relação de poder ou hierárquica que a caracterize.

Haveria ainda uma hipótese intermediária referida como *accountability* diagonal pela doutrina, que não se baseia no poder do principal sobre o agente, no caso da relação principal-agente, tampouco está presente a hierarquia, mas cujo arranjo permite inferir que há a obrigação de explicar e justificar, a exemplo das entidades de classe em relação aos profissionais (BOVENS, 2006, p. 21).

conformação institucional policêntrica, descentralizada e fragmentada do Estado Regulador, a doutrina desenvolveu várias tipologias sobre a *accountability*, que consideram diversos aspectos, abordagens e partes interessadas[31, 32].

Para viabilizar a *accountability* ou prestação de contas, a doutrina tradicional dá enfoque ao processo decisório e aponta para a necessidade de definição de procedimentos e de instituição de mecanismos de medição e controle dos processos discricionários de tomada de decisão, que se tornam mais prementes quanto mais dificultosos de observação e medição forem os resultados alcançados (BALDWIN; CAVE; LODGE, 2011, p. 339).

Nesse sentido, os mecanismos-chave de controle, de forma exemplificativa, englobariam a fundamentação do processo decisório; a divulgação de informações; a possibilidade de efetiva participação das partes interessadas (ou *stakeholders*); o aprimoramento da governança institucional para tomada de decisões, a respeito da qual se debate a melhor configuração – presidencial ou colegiada; a consistência e a coerência entre os propósitos de criação da agência e a estratégia regulatória adotada; a adoção de metodologias, que incluem o estabelecimento de procedimentos e processos uniformes e previamente definidos (BALDWIN; CAVE; LODGE, p. 342-343). Em comum, esses mecanismos requerem a publicidade e a transparência como regra.

31 Segundo Staffan I. Lindberg, tanto na ciência política quanto nas finanças, a *accountability* possui longa tradição, diferentemente da recente proeminência no campo da Administração Pública (2013, p. 203).

32 Mark Bovens identificou, pelo menos, 5 tipos de *public accountability*, considerando hipóteses em que presente a relação principal agente e outras decorrentes da lei, a saber: política, legal, administrativa, profissional, social. A depender do tipo considerado, há um agente ou obrigado específico. Na accountability corporativa ou organizacional, incluindo entidades públicas, responde a própria entidade ou pessoa jurídica; na hierárquica, a cadeia de comando; na coletiva, qualquer membro; na individual, o próprio indivíduo, dentre outras possibilidades. Lindberg, por sua vez, identificou 12 tipos de accountability, que correspondem aos tipos mencionados acrescidos da auditoria, fiscal, representativa, reputacional, burocrática e negocial (2013, p. 213-217).

Robert Baldwin *et al* foram enfáticos ao afirmar que a emergência do Estado Regulador, de conformação mais policêntrica, fragmentada e descentralizada, trouxe novos desafios à *accountability*, cujo debate, antes centrado nos meios políticos e legais a partir dos quais há o exercício do poder público, passou a considerar novas nuances e fatores que tornaram mais complexas as escolhas institucionais (2011, p. 338-339).

Questões como maior participação social, transparência, racionalidade das escolhas, *nudges*, eficiência, dentre outras, estão presentes nos debates contemporâneos e contribuíram para a construção de nova compreensão sobre o assunto (BALDWIN; CAVE; LODGE, 2011, p. 338-339)[33].

O desafio da legitimidade política da agência, segundo Sirico, tem como origem direta os poderes constituídos a partir, por exemplo, da edição de seus mandatos legais, decisões judiciais e organização da Administração Pública e, de forma indireta, da sociedade com seus interesses e preferências (1980, p. 108).

1.4.3.1 Conceitos e tipologias de *accountability*

A partir do Estado Regulador, muito se fala sobre *accountability* e a doutrina traz variados conceitos considerados na Administração Pública, tendo sido alguns tomados de empréstimo da ciência política e das finanças contábeis. Considerando-se que, em regra, associou-se ao conceito uma perspectiva favorável e positivo do seu significado, a *accountability* teria se tornado palavra evocativa ou de ordem (BOVENS, 2006, p. 7) ou panaceia, que floreia discursos, a saber:

33 "As the debate on regulatory accountability has come to grips with the above issues it has moved towards a better understanding of the trade-offs and potential conflicts that are involved in the pursuit of different objectives such as participation and accountability on the one hand, and expert and efficient decision-making on the other. It has done so through a more comprehensive understanding of numerous accountability architectures and their implications." (BALDWIN; CAVE; LODGE, 2011, p. 339)

> Melvin Dubnick (2002, 2-3) gives a fine example of the evocative use of the concept. He has made a scan of the legislation that has been proposed to the US Congress. The word 'accountability' occurs in the title of between 50 and 70 proposed bills in each two-year term. The focus of these 'accountability bills' is extremely broad and ranged in 2001-2002 from the Accountability for Accountants Act, the Accountability for Presidential Gifts Act, and the Arafat Accountability Act, to the Polluter Accountability Act, the Syria Accountability Act, and the United Nations Voting Accountability Act. The use of the term 'accountability' is usually limited to the title of these acts. In most bills, the term is rarely mentioned again, let alone defined. It is merely used as an ideograph, as a rhetorical tool to convey an image of good governance and to rally supporters (McGee 1980). Dubnick calls this the iconical role of the word 'accountability'. Accountability has become an icon for good governance both in the public and in the private sector. (BOVENS, 2006, p. 7)

De forma abrangente ou ampla, *accountability*[34] *é compreendida a partir da percepção fluida da presença de algumas características, a saber: transparência, eficiência, boa governança, virtude, responsabilidade, responsividade, dentre outros. Por esse motivo, Bovens diz que accountability* é um guarda-chuva a partir do qual são elaborados outros conceitos que requerem a sua própria operacionalização (2006, p. 8).

[34] Sobre o conceito contemporâneo de *accountability*, pode-se dizer que há vários e que se diferenciam quanto ao enfoque. Além disso, a doutrina pontua que tem sido usado como sinônimo de outros valores como boa governança, responsividade, transparência, dentre outros, que, em súmula, atrelam prestação de contas aos mecanismos que favorecem à responsividade das instituições frente aos seus públicos de interesse (BOVENS, 2006, p. 8).

A literatura é prolífica na construção de conceitos de *accountability*, embora reconheça que há uma disseminação de significados que, muitas das vezes, não converge. Considerando a construção clássica do conceito, não há consenso quanto ao seu núcleo, às condições necessárias ou suficientes, tampouco quanto às dimensões necessárias; ou, considerando a concepção multidimensional, não há uniformidade entre os elementos que constituem os níveis básico, secundário e dos indicadores (LINDBERG, 2013, p. 204 e 208; GOERTZ, 2005, p. 5-10).

Em sentido sociológico ou estrito, *accountability* pode ser objetivamente conceituada como a "obrigação de explicar e justificar a conduta", que se estabelece no contexto de uma relação social entre partes, tal como na interação principal-agente, sendo que há, de um lado, os destinatários dessas informações e, por outro lado, quem se obriga, aos quais Mark Bovens se refere como fórum-ator (BOVENS, 2006, p. 11; LINDBERG, 2013, p. 209). Esse breve conceito, em primeiro momento, denota uma concepção *ex post facto* da *accountability* (BOVENS, 2006, p. 11), mas é importante ressaltar que a mesma sistemática permite uma abordagem preventiva e proativa (BOVENS, 2006, p. 14).

A partir desse conceito e considerando a perspectiva da *accountability* na Administração Pública, o agente público é quem se obriga a explicar e justificar a sua conduta, enquanto seu destinatário não se limita ao supervisionado, mas alcança as demais entidades e partes interessadas, incluindo todo o público em geral.

O conceito estrito de *accountability* pode ser operacionalizado a partir de 3 dimensões relacionadas à disponibilização das informações; apresentação das explicações; e possibilidade de aplicação de sanções. Quanto à primeira dimensão, Bovens classifica como "crucial a obrigação do agente de informar ao público sobre sua conduta por meio da disponibilização de informações relativas às execuções das tarefas, seus resultados, e sobre procedimentos" (2006, p. 10). Nesse ponto, explicita:

> Often, particularly in the case of failures or incidents, this also involves the provision of explanations and justifications. Account giving is more than mere propaganda, or the provision of information or instructions to the general public. The conduct that is to be explained and justified can vary enormously, from budgetary scrutiny in case of financial accountability, to administrative fairness in case of legal accountability, or even sexual propriety when it comes to the political accountability of Anglo-American public officials. (2006, p. 10)

Na segunda dimensão, Bovens prossegue dizendo que é necessário haver a possibilidade de interação entre o público e o agente, a fim de que o primeiro possa interrogar e questionar o segundo sobre "a adequação da informação ou legitimidade da sua conduta" (2006, p. 11). A terceira dimensão englobaria o juízo de valor realizado pelo público, haja vista as informações e esclarecimentos obtidos, que, segundo parte da doutrina, ensejaria a aplicação de penalidades diante de um julgamento negativo[35].

A partir do conceito exposto, é possível constatar que não há intercambialidade nos usos de *accountability* e transparência, uma vez que o segundo corresponde a apenas uma dimensão do primeiro e significa meramente a disponibilização da informação. Portanto, a divulgação ao público em geral de Relatórios, instruções ou informativos, independentemente da periodicidade, não corrobora a *accountability*.

[35] A respeito da possibilidade de sancionar, há quem considere não se tratar de condição necessária (BOVENS, 2006, p. 11; LINDBERG, 2013, p. 210). No entanto, para parte da doutrina que corrobora a visão de que se trata de condição necessária para operacionalização do conceito de accountability, há correlação que pode ser estabelecida entre a manutenção da possibilidade de sanção e o sucesso no alcance do objetivo da prestação de contas, que, na prática, se diferencia da disponibilização descompromissada de informações (BOVENS, 2006, p. 11). Em outras palavras, haveria o efeito dissuasório inibidor do descumprimento da obrigação pelo agente, que, diante da possibilidade de ser sancionado, agiria pelo adimplemento da sua obrigação de explicar e justificar suas condutas.

Por sua vez, ao considerar a possibilidade de aplicação de sanções ou penalidades como condição necessária para accountability, haveria uma limitação do alcance desse conceito que seria aplicável apenas à prestação de contas formal ou quando aprouvesse ao obrigado (BOVENS, 2006, p. 11; LINDBERG, 2013, p. 210). Por isso, Bovens opta por incluir, na terceira dimensão, a possibilidade de o agente (ou o ator) enfrentar as consequências de suas condutas, após escrutínio público que só é possível quando houver a publicidade das informações (2006, p. 11).

Nesse ponto, ao nosso ver, o enfrentamento das consequências de suas ações e a possibilidade da aplicação de sanções são vias no mesmo sentido e que podem levar ao mesmo resultado e talvez o primeiro seja apenas uma forma eufemística de se referir ao segundo.

Lindberg atenta para a diferença entre a possibilidade de sancionar no caso de falha no cumprimento da obrigação de explicar e justificar; e, diante de um juízo negativo de valor, daquela direcionada ao obrigado por conta da decisão ou do procedimento adotado (2013, p. 210). Para fins de *accountability*, a dimensão referida se limita à primeira hipótese.

Tampouco há essa possibilidade perfeita de troca nos usos entre *accountability* e responsividade, participação, responsabilidade e responsabilização. As dimensões do conceito permitem inferir que participação corresponde apenas à segunda dimensão, enquanto responsividade, responsabilidade ou responsabilização à terceira dimensão.

A atuação discricionária regulatória suscita debates teóricos quanto ao grau de prestação de contas que se deve às partes interessadas, em especial quando se trata dos Poderes instituídos, ou seja, Legislativo, Executivo e Judiciário, e da sociedade civil[36]. Em comum, a doutrina suscita os riscos associados às generalizações que podem ser feitas a partir dos vários tipos de prestação de contas identificados e ressalta que cada tipo se aplica em dada situação específica, ou seja, não há intercambialidade. Além disso, atenta para o fato de que cada tipo possui dimensões conceituais que não necessariamente convergem.

No que tange à coordenação regulatória, usualmente são associados os ganhos com a *accountability* em razão da institucionalização de mecanismos formais de coordenação regulatória, que contribuem para afastar os riscos de captura dos agentes públicos e conferem maior transparência aos processos decisórios, se utilizados adequadamente pelas entidades que compartilham o mesmo espaço regulatório[37].

Na relação que se estabelece entre as autarquias especiais do SFN e suas partes interessadas, vislumbramos a possibilidade da *accountability*. Essa prestação de contas não diverge das demais quanto às condições, quais sejam: (i) a existência de um agente. No caso, as autarquias especiais se enquadram nesse papel; (ii) atribuições ou funções legalmente definidas que ensejam a atuação institucional de cada autarquia especial,

[36] Em relação à esfera política, discute-se a independência da atuação institucional das agências reguladoras. O grau de deferência do Poder Judiciário às decisões das agências reguladoras é o cerne do principal debate decorrente da interação entre o referido Poder e o braço regulatório do Estado. No que toca à sociedade civil, discussões sobre transparência das agências, efetiva participação social, captura e lobby têm sido a tônica.

[37]

constituindo, portanto, o objeto da prestação de contas; (iii) a existência do principal. No caso, a parte interessada que se enquadra nesse papel, podendo ser a sociedade civil ou público em geral, dentre outros; (iv) o direito de a parte interessada requerer explicações e justificativas das autarquias especiais do SFN; e (v) a possibilidade de haver sanções pelo descumprimento da obrigação de explicar e justificar.

1.5 Distinção entre mecanismos formais e informais de coordenação regulatória

Keith Bradley, ao descrever as interações interagências, expõe que, segundo o seu entendimento, refletem controles e influências (*checks and influences*) que cada agência exerce uma em relação à outra, constituindo um verdadeiro ecossistema cujo funcionamento é sujeito à manipulação pelo poder político. A partir dessa dinâmica de relação agência-agência, o poder político encontra espaço e oportunidade para exercer efetiva influência, mas, contudo, não possui poder suficiente para controlar as entidades (2011, p. 747). Nesse ecossistema, as relações interagências se estabelecem entre os diferentes níveis: no estratégico, entre seus dirigentes; passando pelo tático até o operacional, quando o corpo de servidores estabelece vias de contato, cooperação e troca. Varia também o grau de formalidade que essas trocas ocorrem.

Segundo Keith Bradley, há basicamente 3 tipos de interação entre agências, que formam um espectro contínuo que se inicia informal até chegar ao patamar formal mais estrito ou baseado em regras. No primeiro tipo, a influência ou o controle de uma agência em relação à outra não decorre de protocolo estabelecido, mas guarda relação com as atribuições sobrepostas ou compartilhadas das entidades e a abordagem de cada qual com o intuito de alinhar a ação da outra entidade às suas expectativas. Nesse modelo, as interações não encontram balizas procedimentais e se torna mais evidente a existência de competição entre as entidades, estimulando, dessa forma, a aplicação mais rigorosa da norma.

Bradley entende se tratar da prática do *lobby* de uma entidade em relação à outra que pode exercer influência e gerar cooperação mútua, como, por exemplo, ocorre entre o DOJ e a FTC no que tange à implementação da Lei Antitruste (2011, p. 755). No caso do DOJ e do FTC, Bradley esclarece:

> They are not obligated to consult or interact with each other, but because of shared authority they strongly influence each other. In developing policy, the DOJ and FTC debate and collaborate frequendy; in enforcement, they are in a competition, which might encourage them to act more vigorous. *(2011, p. 755).*

O segundo modelo proposto pelo autor pode ser lido como transicional entre a informalidade e a formalidade, uma vez que, além do *lobby* previsto em Lei, há previsão de mecanismos ou compartilhamento de atribuições complementares sobre o mesmo setor regulado que, na prática, gera a possibilidade de uma agência exercer influência sobre a outra e verdadeiro poder de veto (2011, p. 756). Como exemplo, Bradley trouxe a relação estabelecida entre a *National Institute of Occupational Safety and Health* (NIOSH), agência vinculada ao Departamento de Saúde e Serviços Humanos, que aconselha por meio de recomendações a *Occupational Safety and Health Administration* (OSHA), agência vinculada ao Departamento do Trabalho, cuja regulação precisa do insumo da NIOSH[38].

Nesse segundo modelo de interação, claramente se percebe que o alinhamento entre agendas regulatórias das agências é fundamental para

[38] "A familiar example of directing agency input is the priority-setting role of the National Institute of Occupational Safety and Health (NIOSH). NIOSH, an agency within the Department of Health and Human Services, advises the Occupational Safety and Health Administration (OSHA) within the Department of Labor. NIOSH conducts research "relating to occupational safety and health" and "develop [s] and establish [es] recommended occupational safety and health standards" under the supervision of a Board of Scientific Counselors. NIOSH's recom- mendations are meant to "enabl[e] [OSHA] to meet [its] responsibility for the formulation of safety and health standards," since OSHA lacks substantial research capabilities" (BRADLEY, 2011, p. 753)

que ambas as entidades logrem êxito na consecução de seus mandatos legais, uma vez que esse poder de veto pode ocasionar paralisação das atividades e consequente prejuízo econômico-financeiro de recursos públicos. No caso da NIOSH e da OSHA, por exemplo, de nada adianta a realização de pesquisas no setor de segurança e saúde ocupacional com produção de insumos para pautas que não constem dentre as prioridades regulatórias da OSHA[39].

Quanto ao terceiro modelo de interação, referido como formal ou baseado em regras, a interação interagência se dá de forma estruturada, rígido e por meio de mecanismos formais normativamente previstos. Não basta, portanto, a interlocução informal entre servidores da base das agências, pois há um protocolo a ser observado (Bradley, 2011, p.756)[40].

39 Nesse sentido: "The relationship between OSHA and NIOSH has inspired widespread criticism. For example, Shapiro and McGarity complain that "OSHA cannot cede its priority-setting power to an agency in an entirely separate department of government." At first, NIOSH was poorly funded and consequently unable to produce enough information to guide OSHA. During the 1980s, a variety of interest groups pursued litigation to force OSHA to prioritize particular issues. To the extent that responding to these demands consumed OSHA's resources, NIOSH's research on unrelated issues became irrelevant to OSHA's priorities. Congress, frustrated, has occasionally threatened to eliminate NIOSH. Despite these tensions, the structure remains in place. NIOSH does not unilaterally determine OSHA's priorities, but it does influence them. OSHA must take account of NIOSH's recommendations because it does not have its own research capabilities". (BRADLEY, 2011, p. 754)

40 Pela pertinência, transcrevemos: "In the third model, a directing agency may have express authority over some aspect of an action agency's decisions. In the prototypical example, a directing agency makes rules that an action agency enforces. This model - the focus of the rest of this Article - is a rule-based interface. It is an interface because the key features are the point at which the two agencies communicate and the protocol by which they do so. Unlike less formal interactions, rule-based interfaces have a more rigid structure that arises from the law generating the directing agency's authority. Whereas a lobbying relationship may be reciprocal or mutual, a grant of express but limited authority clearly demarcates the directing and the action agencies. The action agency makes the ultimate, most specific decision about a problem, subject to some prescription from the directing agency. A rule-based interface is also more structured because the directing agency must take formal action to exert its power over the action agency - the myriad low-level contacts between employees of the two agencies are not enough. Furthermore, any action the directing agency takes affects the action agency directly, rather than through its agents. The formal channel of communication between action and directing agencies constitutes the rule-based interface." (BRADLEY, 2011, p. 756)

Keith Bradley (2011, p. 756) ressalva haver variados padrões baseados na regra, porém descreve, como estrutura básica, a situação em que há duas agências às quais se refere como *directing agency* (dirigente, em livre tradução) e *action* agency (executante ou atuante, tradução livre que se reconhece limitada frente ao sentido conferido pelo Autor no original). A dirigente detém autoridade legal e não moral. A executante tomará decisões a partir da ação ou insumos fornecidos pela primeira (BRADLEY, 2011, p.756).

Embora Bradley reconheça que o modelo formal de interação contribui para a superação de conflitos complexos entre interesses ortogonais ou transversais pelas agências envolvidas com sobreposição ou compartilhamento de atribuições, o autor traz posicionamentos doutrinários divergentes a esse respeito (2011, p. 748). Ao passo que parte da doutrina estabelece uma correlação entre esse desenho de cooperação formal e maior influência do Executivo na forma de condução do assunto pelas entidades, há doutrinadores que entendem justamente o oposto, isto é, as relações cooperativas entre agências diminuem essa influência (2011, p. 748). Bradley reconhece, contudo, que os riscos de influência política e à eficiência regulatória presentes quando há sobreposição ou compartilhamento de atribuições podem ser mitigados por meio do modelo em questão, baseado em regras ou formal.

Teresa M. Schwartz, por sua vez, ao tratar da sobreposição de atribuições entre agências federais no contexto administrativo dos EUA, deu especial ênfase à necessidade de se desenvolver ou aprimorar mecanismos formais que favoreçam a perenidade das relações, bem como a utilização de técnicas modernas de comunicação, ao invés do caminho da reestruturação ou redefinição de atribuições dessas agências (1975).

Além disso, Schwartz estabeleceu uma classificação dos níveis de articulação ou coordenação entre agências que pode ser formal, informal ou *ad hoc*, sendo que inexiste qualquer nível de coordenação no contexto de "concurrent jurisdiction" (1975, p. 1075). A autora defende a ideia, tal como Bradley, que se recomenda a institucionalização de mecanismos formais de coordenação regulatória quando se estiver diante de configurações regulatórias consideradas mais complexas e, diante disso, for necessário delinear responsabilidades (SCHWARTZ, 1975, p. 1075).

A coordenação informal é caracterizada pela total dependência do fator humano (SCHWARTZ, 1975, p. 1075), pois agentes públicos interagem e se articulam quando e como quiserem, não há parâmetros pré-definidos, ficando ao alvedrio das próprias pessoas assumirem o papel de contatarem seus pares em assuntos sob o guarda-chuva da responsabilidade compartilhada entre agências.

Jody Freeman e Jim Rossi descrevem a coordenação informal, que pode ocorrer regularmente entre agentes públicos independentemente da sua função na estrutura da agência, pela ausência de explícita comunicação ou formalização dessa cooperação entre as entidades, tais como: conversas entre agentes; monitoramento da atuação da congênere para antecipar ou evitar decisões; adoção das mesmas práticas; acordos não-escritos entre autoridades; troca de informação sobre variados assuntos sob responsabilidade das agências, dentre outros (2012, p. 1156).

1.6 Mecanismos formais de coordenação regulatória

A coordenação interagência por meio de mecanismos formais pressupõe convergência de vontades e interesses para se instituir mecanismos a partir dos quais as entidades envolvidas viabilizam a cooperação para consecução das suas funções e, por conseguinte, minimizam os ônus do espaço regulatório compartilhado.

Jody Freeman e Jim Rossi dividem os mecanismos formais de coordenação em 4 categorias, são elas: consulta prévia, acordos interagências, normatização conjunta, que são consideradas pelos autores instrumentos comuns, e a centralização da revisão regulatória (2012, p. 1155). Esses mecanismos não esgotam as formas institucionalizadas de coordenação regulatória.

1.6.1 Acordos de cooperação

Segundo Schwartz, os acordos de cooperação têm como principal propósito reduzir as disfuncionalidades decorrentes da sobreposição de atribuições que redundam na duplicação de esforços diante do caso concreto, dentre outras externalidades negativas já mencionadas (SCHWARTZ, 1975). Ademais, a sua celebração decorre da constatação de que a relação institucional entre instâncias de poder administrativo sem um liame mais cogente não basta para evitar os efeitos da sobreposição de atribuições ou competências, devendo, portanto, haver esse vínculo mais estreito que pode ser mais efetivo em vista das obrigações assumidas pelos acordantes (SCHWARTZ, 1975).

Por meio dos acordos de cooperação, as partes acordantes se obrigam à mútua cooperação que pode implicar em trocas de informações, estudos e dados, na necessidade de realizarem planejamentos conjuntos que definam os responsáveis para tratar assuntos de responsabilidade comum ou compartilhada, na realização de consultas prévias diante de situações concretas específicas e previstas no referido acordo, na possibilidade de unirem esforços para realização de investigação conjunta nos casos mais complexos, todas essas medidas às quais as acordantes se obrigam podem ensejar, na prática, uma cooperação verdadeira que neutralize os efeitos negativos da sobreposição de atribuições ou competências.

A formalização da coordenação a partir da celebração de instrumento que vincule as entidades tem aptidão de agregar previsibilidade e constância na cooperação que se estabelece a partir da coordenação regulatória, mas há o desafio da gestão do conhecimento que não deve ser desprezado na Administração Pública (SCHWARTZ, 1975, p. 1075). A solução, segundo Schwartz, passa pela designação de um agente a quem incumbe o papel de manter essa interação decorrente da coordenação (SCHWARTZ, 1975, p. 1075).

Considerando o contexto regulatório compartilhado, Jody Freeman e Jim Rossi[41] reconhecem que esses acordos podem ter vários propósitos, que exemplificam: (i) delimitação do raio de atuação de cada agência, incluindo quando se trata da supervisão e *enforcement*; (ii) definição de procedimentos para compartilhamento ou produção de informações; (iii) definição de situações que ensejam atuação conjunta; (iv) estabelecimento de processos e procedimentos para viabilizar a revisão e/ou autorização de atuação conjunta, independentemente da função desempenhada; (v) estabelecimento de objetivos; (vi) definição de instrumentos de gestão, como métricas por exemplo, dentre outros (2012, p. 1161-1162).

Quando se trata da coordenação formal, especificamente embasada em instrumento ou acordo que vincule as partes, independentemente do seu *nomen juris*, Schwartz, ao analisar o espaço regulatório compartilhado entre agências no campo da saúde e segurança do consumidor, estabelece uma diferenciação de abordagem que depende de como as agências ou entidades compartilham responsabilidades (1975, p. 1075).

A partir dessa análise concreta e apesar de o acordo por si só não ser garantia da atuação cooperativa e eficaz entre agências com responsabilidades compartilhadas, talvez pela sua inexequibilidade embora se assemelhe a contratos (FREEMAN; ROSSI, 2012, p. 1161), são válidas as diretrizes a serem consideradas quando se pretende institucionalizar a

41 Jody Freeman e Jim Rossi, no contexto federal regulatório norte-americano, assim escrevem o Memorando de Entendimento: "Perhaps the most pervasive instrument of coordination in the federal government is the memorandum of understanding (MOU). A typical MOU assigns responsibility for specific tasks, establishes procedures, and binds the agencies to fulfill mutual commitments. These agreements resemble contracts, yet they are generally unenforceable and unreviewable by courts. Most appear to be negotiated by agencies voluntarily, in furtherance of their statutory duties, though Congress could explicitly require them, and the President presumably could request or direct that executive agencies sign such agreements if he wished. Nevertheless, there appears to be no generally applicable statutory or executive branch policy regarding the use of MOUs, leaving their content largely to the discretion of the agencies. Nor is there a single interagency database where these agreements are collected, making them hard to track and compare." (2012, p. 1161)

cooperação regulatória por meio da celebração de acordo entre as partes, a saber (2012, p. 1161-1165):

1. redundâncias consideradas mais amplas entre entidades requer um acordo que oferte parâmetros que permitam identificar a quem cabe atuar, se individual ou conjuntamente, diante de determinado caso concreto, ou seja, recomenda-se que não seja rígido na definição de responsabilidades entre agências;
2. os mencionados acordos devem trazer parâmetros que especifiquem ou descrevam o que se espera alcançar, com quais funções e poderes, recursos, e estabelecer as prioridades regulatórias de cada agência envolvida, além da definição de quem cabe agir em determinada situação concreta;
3. previsão de processos decisórios conjuntos;
4. aprimoramento da comunicação entre agências no espaço de responsabilidade compartilhada para evitar ações duplicadas ou inconsistentes; e
5. Efetivo compartilhamento de dados a partir de base tecnológica que viabilize essas trocas, de forma que o elemento volitivo humano para a cooperação não seja determinante para o sucesso ou fracasso da articulação ou coordenação estabelecida entre agências.

1.6.2 Estrutura centralizadora da revisão regulatória

Nicholas Bagley e Richard L. Revesz entendem que a existência de uma estrutura centralizada com o objetivo de revisão regulatória pode ser apropriada em razão da possibilidade de uniformização de análises científicas que devem servir de base para análises de riscos a serem realizadas por várias agências por meio da elaboração de protocolos ou manuais e por viabilizar uma análise mais sistêmica dos possíveis impactos decorrentes de determinada ação regulatória (2006, p. 1314). Apesar disso, os referidos autores tecem várias críticas acerca da existência de estrutura centralizadora da revisão regulatória, tendo analisado especificamente o papel exercido pelo *Office of Information and Regulatory Affairs* (OIRA) que, segundo entendem, possui escolhas questionáveis como o foco na análise do custo-benefício (quando o papel de harmonização deveria ser mais central), os vieses existentes, dentre outras ponderações (2006).

Especificamente ao tratar da uniformização de premissas científicas, Bagley e Revesz reconhecem, contudo, que apenas a existência de uma estrutura regulatória centralizadora com poder de impor determinados posicionamentos às agências é capaz de viabilizar verdadeira cooperação entre essas entidades (2006, p. 1323).

No contexto norte-americano, o *Dodd-Frank Wall Street Reform and Consumer Protection Act* (Dodd-Frank Act) é como ficou conhecida a *Public Law* 111–203, lei federal promulgada em 21 de julho de 2010, que, nos termos da sua ementa, teve o seguinte objetivo:

> To promote the financial stability of the United States by improving accountability and transparency in the financial system, to end "too big to fail", to protect the American taxpayer by ending bailouts, to protect consumers from abusive financial services practices, and for other purposes.

O Dodd-Frank Act surgiu após a eclosão da crise de 2008, no contexto do governo do Presidente Barak Obama, e promoveu a reestruturação do Sistema Financeiro norte-americano. Segundo Robert W. Greene, o Dodd-Frank Act deixou a coordenação das entidades do referido sistema somente a cargo de agências independentes em razão, dentre outras medidas, da eliminação do *Office of Thrift Supervision* e do novo status conferido ao *Office of the Comptroller of the Currency*, que eram órgãos não-independentes da estrutura do Departamento do Tesouro (2016, p. 86).

Nesse ínterim, o impacto das modificações promovidas pelo Dodd-Frank Act no Sistema Financeiro, no entendimento de Greene, pode ser sentido pelo fato de as agências independentes não se submeterem às Ordens Executivas 12,866[42] e 13,563, tampouco às regras previstas na Circular A-4 editada pelo *Office of Management and Budget* (OMB), estrutura ligada ao Poder Executivo Federal dos Estados Unidos, por serem aplicáveis às agências executivas apenas (2016, p. 86-87). No que tangem às Ordens Executivas 12,866 e 13,563 e a coordenação regulatória, Jody Freeman e Jim Rossi assim esclarecem (2012, p. 1180):

> Thus, under Executive Order 12,866, OIRA already possesses the authority to promote the coordination of agency regulatory actions. One of the stated purposes of the order is to ensure that agencies act consistently with one another. It is entirely congruent with OIRA's mission, for example, to request that agencies consider how coordination might reduce regulatory costs and thus make coordination a relevant consideration when reviewing agency cost-benefit analyses. Moreover, President Obama's new regulatory review order, which supplements but does not replace Executive Order 12,866, also emphasizes the importance of coordination to reduce regulatory burdens and to simplify and harmonize rules.

[42] Sobre a Ordem Executiva 12,866: "Probably the most institutionalized process for centralized White House supervision of executive agency policymaking is Executive Order 12,866's planning and regulatory review requirement for federal agencies. Executive Order 12,866 authorizes OIRA to review agency regulatory actions for consistency with presidential priorities, statutory mandates, and, notably, other agencies' rules. The order requires both executive and independent agencies to submit annual plans of their anticipated regulatory actions prior to proposing them in the Federal Register. The order also explicitly encourages agencies to plan their regulatory activities "to maximize consultation and the resolution of potential conflicts at an early stage." This planning process affords OIRA several opportunities to identify regulations that might implicate the jurisdiction or interests of other agencies, and to intervene to help ensure that such actions are consistent and coordinated. It is not clear, however, whether in practice OIRA spends significant resources on such tasks. Executive Order 12,866 also empowers OIRA to review certain agency regulatory actions to ensure that their benefits justify their costs." FREEMAN; ROSSI, 2012, p. 1179-1180)

As normas acima mencionadas abarcam boas práticas regulatórias não mais aplicáveis às entidades regulatórias do sistema financeiro norte-americano[43], incluindo as atividades realizadas pelo OIRA, no âmbito do OMB (GREENE, 2016, p. 86-87). Ainda, segundo o autor, as ações de revisão das atividades regulatórias conduzidas pelo OIRA proporcionavam maior capacidade de coordenação regulatória entre entidades do sistema financeiro norte-americano e também no contexto internacional[44], além de outros benefícios apontados em sua obra, tais como: mitigação do risco de captura dos agentes públicos, melhoria da qualidade regulatória, otimização temporal do processo regulatório, redução dos custos regulatórios, uniformização de estratégia regulatória, etc.

No que tangem à coordenação regulatória, à revisão do processo regulatório e à análise de custo-benefício, as normas supramencionadas e a atuação da OIRA passaram a sujeitar, desde o Dodd-Frank Act, somente as agências executivas, que se beneficiam, dentre outras, das seguintes ações (GREENE, 2016, p. 91-92):

1. Avaliação pela OIRA das ações regulatórias planejadas pelas agências executivas com vistas a assegurar a aderência e a consistência em relação ao sistema normativo (legal e infralegal) e às prioridades definidas pelo Executivo Federal norte-americano e evitar conflitos entre agências;

43 Na nota de rodapé nº 6, Robert W. Greene esclarece que "Throughout this article, the terms "major federal financial regulators" and "major U.S. financial regulators" refer to the eight following U.S. financial markets regulatory authorities: Board of Governors of the Federal Reserve System (Fed), Bureau of Consumer Financial Protection (CFPB), Commodity Futures Trading Commission (CFIC), Federal Deposit Insurance Corporation (FDIC), Federal Housing Finance Agency (FHFA), National Credit Union Administration (NCUA), Office of the Comptroller of the Currency (OCC), and Securities and Exchange Commission (SEC)." (2016, p. 87)

44 A esse respeito: "OIRA supports efforts to streamline regulations with Mexico and Canada, for example, and works with the U.S. Trade Representative to improve international regulatory coordination, which OIRA Administrator Howard Shelanski recently remarked is an "increasingly important part of [OIRA's] agenda going forward." (GREENE, 2016, p. 110-111)

2. A avaliação da OIRA permite a constatação de várias implicações decorrentes das ações previstas na agenda ou planejamento regulatório das agências executivas, a saber: determina se a ação regulatória é significativa, ou seja, se a sua expressão econômico-financeira supera US$ 100 milhões; se pode gerar consequências materiais de natureza distributiva ou não-financeira, exemplificado por Greene como impactos na saúde pública; se pode ensejar discussões legais ou de política pública; se pode ensejar conflitos ou inconsistências relevantes com ações regulatórias de outras agências; se pode ocasionar impactos adversos nos orçamentos e/ou direitos e obrigações relacionados a programas de governo; se pode impactar a economia de determinado setor, a geração de empregos, a competitividade, a produtividade, dentre outras implicações possíveis.

Em suma, as alterações promovidas pelo Dodd-Frank Act, nas palavras de Greene, tornaram, por conseguinte, o sistema regulatório financeiro norte-americano mais "discrepante e seus processos regulatórios não-coordenados" (2016, p. 89). Contudo, a despeito da fragilidade e inadequação da coordenação regulatória, as entidades são pautadas por várias normas esparsas e manuais internos (GREENE, 2016, p. 95-96).

Não obstante a criação do *Financial Stability Oversight Council* (FSOC) pelo Dodd-Frank Act, conforme determinado na seção 112 (a), a quem compete, dentre outras atribuições, "facilitar o compartilhamento e a coordenação da informação entre os membros das agências e outras agências federais e estaduais relacionadas à política de desenvolvimento de serviços financeiros domésticos, elaboração de regras, avaliações, requerimentos de relatórios e ações de execução" (em livre tradução), nos termos da seção 112, (a) (2) (E), segundo Greene (2016, p. 98-99), a avaliação realizada pelo *U.S. Governmental Accountability Office* (GAO)[45]

[45] Sobre a avaliação da GAO: "As the U.S. Governmental Accountability Office (GAO) reported in February 2016, the regulatory authority of "independent" federal financial

concluiu inexistir coordenação interagência em relação a um terço do universo amostral de nomas analisadas (2016, p. 99).

No mesmo sentido, Jody Freeman e Jim Rossi mencionam haver vários estudos sobre o assunto que apontam as fragilidades do sistema financeiro norte-americano após a edição do Dodd-Frank Act e apesar da criação do FSOC com o objetivo de mitigar riscos sistêmicos decorrentes da configuração do sistema em questão, considerado "redundante e duplicado", além de inadequado por deixar "instituições financeiras não-bancárias livres da regulação e falha em endereçar riscos postos por novos conglomerados financeiros" (2012, p. 1148).

Os referidos autores acrescentam que o sistema financeiro norte-americano segue complexo e que "o compartilhamento de informações e a coordenação seguem sendo desafios significativos para o funcionamento eficaz desse regime fragmentado" (FREEMAN; ROSSI, 2012, p. 1148).

1.6.3 Normatização conjunta e Consulta interagência

A normatização conjunta ou a coordenação da normatização entre agências do espaço regulatório compartilhado decorre de negociação entre agências e contribui para a consistência das suas normas, pois evita a duplicação ou redundância e mitiga a possibilidade de conflitos, uma vez que podem ser utilizadas as mesmas referências técnicas, os mesmos conceitos, as mesmas premissas e parâmetros, dentre outros benefícios. Além disso, a aproximação e interação dos agentes públicos das agências com o objetivo de elaboração de norma conjunta se beneficiam mutuamente pela troca do conhecimento técnico especializado.

regulators is "complex, with responsibilities fragmented among multiple agencies that have overlapping authorities." For example, the Fed, FDIC, and OCC share safety and soundness oversight over banks. Effective regulatory coordination between major federal financial regulators is impeded due to this fragmented regulatory environment, particularly in the wake of sizable inter-agency rulemakings required by the Dodd--Frank Act." (GREENE, 2016, p. 98-99)

Em essência, portanto, a normatização conjunta é produto da negociação entre entidades que se vinculam às regras definidas de forma colaborativa ou adotadas por referência. Dentre os atributos das normas, destaca-se a exequibilidade e maior visibilidade, comparativamente aos Memorandos de Entendimento (FREEMAN; ROSSI, 2012, p. 1165-1168).

A coordenação da normatização pode se utilizar de várias técnicas que contribuem para o objetivo final de alinhamento entre agências no exercício da função normativa. A esse respeito, Jody Freeman e Jim Rossi mencionam que não existe apenas a consulta prévia como também outros instrumentos podem ser utilizados, tais como: adoção de regras por referência, regras-modelo[46], dentre outras técnicas, que, em suma, contribuem para a consistência da norma (2012, p. 1165-1166).

Não raro a normatização conjunta é precedida de consulta interagência. A consulta é mecanismo formal de coordenação regulatória considerado comum e, segundo Jody Freeman e Jim Rossi, é utilizada em circunstâncias em que determinada agência detém a atribuição sobre uma matéria, mas não pode ou deve agir (ou é recomendável que não aja) sem que previamente consulte determinada agência cuja atribuição pode ser afetada pela atuação da primeira entidade (2012, p. 1157).

A consulta interagência pode-se dar com base na discricionariedade das entidades, por determinação legal, em razão de compromisso assumido entre as agências diante de determinado assunto ou circunstância. Na hipótese em que a consulta se fundamenta em determinação legal, a doutrina vislumbra a possibilidade de que se transforme em verdadeiro poder de veto quando se constata não haver, na prática, cooperação entre entidades e a manifestação da congênere é mandatória.

[46] Na nota de rodapé 161, Jody Freeman e Jim Rossi definem *model rule*: "A "model rule" allows for consistency with some variation - one agency adopts a rule that other agencies then closely follow in subsequent rulemakings, while adapting their rules in modest ways to account for differences among agency programs." (2012, p. 1165)

1.7 Coordenação regulatória e melhoria da qualidade da regulação

Na comunidade internacional, discussões mais recentes acerca da qualidade regulatória ocorrem no âmbito da OCDE que, em 1995, editou a *Recommendation of the Council of the OECD on Improving the Quality of Government Regulation*[47]. Essa Recomendação de 1995, considerada o primeiro padrão internacional em qualidade regulatória, foi desenvolvida por um grupo de representantes dos países-membros que se reuniram no âmbito do Grupo de Trabalho em Gestão Regulatória e Reforma[48] da *Public Management Service Committee on Regulatory Management and Reform*, órgão diretivo da *Public Management Service* (PUMA), cujo objetivo passa pela realização de pesquisas, análises, coletas de dados e inovações em gestão pública para suporte da OCDE (1995, p. 3).

Nascida no contexto em que vários países-membros da OCDE passavam por problemas regulatórios similares[49] e diante da constatação da necessidade de que fossem feitos avanços para incrementar o desempenho econômico e melhorar as condições sociais dos países por meio da melhoria da qualidade regulatória, a Recomendação de 1995 propôs a adoção de uma série de medidas com vistas à melhoria da qualidade, transparência, eficiência e efetividade da decisão regulatória pelos países-membros, cuja implementação seria monitorada pelo PUMA (1995, p. 3-8).

Além disso, com intuito de dar suporte a esse processo de tomada de decisão regulatória, a Recomendação de 1995 trouxe 10 perguntas em seu Apêndice, intitulado *OECD Reference Checklist for Regulatory*

47 Em livre tradução: Recomendação do Conselho da OCDE sobre a Melhoria da Qualidade Regulatória Governamental.

48 Trata-se de livre tradução do *work programme on Regulatory Management and Reform*.

49 A Recomendação de 1995 da OCDE traz alguns dos problemas enfrentados pelos seus países-membros no contexto da edição desse padrão, tais como, por exemplo: quantidade de regulações, os custos envolvidos para edição e manutenção dessas regulações, custos de observância, a qualidade dessas normas, a legitimidade dos agentes decisores e transparência do processo de tomada de decisão, etc. (p. 11-12).

Decision-making (*"Checklist"*), que deveriam ser utilizadas em todos os níveis de decisão regulatória como ferramenta adicional com o objetivo de aprimorar esse processo decisório (1995, p.9). Apesar de o *Checklist* ter sido desenvolvido em forma de perguntas, incorporou princípios da OCDE que devem nortear os países-membros em seu processo de tomada de decisão quanto à inovação regulatória ou à manutenção de regulações mais antigas.

Ocorre que o *Checklist*, por si só, não se trata de ferramenta que resolva todos os problemas, tampouco garante a conformidade das decisões em relação aos princípios da OCDE, mas havia o entendimento prevalecente de que poderia trazer benefícios que justificavam a sua adoção pelos países-membros[50].

Especificamente, o item 5 do *Checklist* questiona quanto à adequação do nível ou níveis de governo para a realização de ações relacionadas à regulação, seguido da seguinte descrição: *Regulators should choose the most appropriate level of government to take action, or, if multiple levels are involved, should design effective systems of coordination between levels of government* (OCDE, 1995, p. 10).

Nesse contexto e a partir do item 5 do *Checklist*, é possível identificar que já estava presente a preocupação relacionada à coordenação regulatória, seja no nível subnacional, nacional ou internacional, pois havia a compreensão de que existe um nível ótimo de harmonização regulatória que poderia contribuir para viabilizar ganhos de eficiência, de forma exemplificativa, como decorrência da coordenação, barreiras regulatórias desnecessárias poderiam ser eliminadas para favorecer as trocas comerciais. O item 5 do *Checklist*, portanto, suscita a necessidade de se

[50] Nesse sentido, "*Adoption of good decision principles is not, in itself, a sufficient condition for improvement*. If such principles are to produce genuine benefits in the quality of regulations, governments must develop systematically-organised procedures, *with sustained political support at the highest levels*, for the implementation of such principles. That is to say, checklists should be one element of a broader regulatory management system." (OCDE, 1995, p. 13).

avaliar qual o meio mais adequado com vistas a viabilizar interações cooperativas entre diferentes níveis de governo[51].

Na esteira da Recomendação de 1995, a OCDE editou o *The OECD Report on Regulatory Reform*, em 1997, que teve por objetivo endereçar respostas às demandas suscitadas pelos países-membros relacionadas à reforma regulatória. Os problemas regulatórios enfrentados pelos países-membros foram descritos no Relatório de 1997, que correlacionou a ausência de coordenação regulatória e de capacidade de planejamento à consequente fragmentação das políticas públicas nas estruturas de governo; ainda, a falta de coordenação e planejamento como causas da duplicação e sobreposição de atribuições e do excesso de regulações; processos decisórios opacos e inexistência de *accountability* ou prestação de contas pelo exercício do poder administrativo discricionário que denotam a falta de transparência e fortalecem interesses conflitantes; incentivos equivocados que pautam a burocracia para o alcance de objetivos de curto prazo e não vantajosos sob ponto de vista da análise do custo-benefício, o que reflete a ausência da avaliação do impacto regulatório e da análise do custo-benefício da regulação; o excesso de regulação incrementa a complexidade do sistema, afeta a sua efetividade e aumenta o risco de desvio de finalidade, malversação dos recursos públicos e corrupção; dentre outros (OCDE, 1997, p. 9-10).

O Relatório de 1997 da OCDE sobre reforma regulatória[52] reconheceu, entretanto, não se tratar de assunto novo e esclareceu que o objetivo

51 A esse respeito, o item 5 do Checklist: "Multiple levels of government are often involved in regulatory development or implementation. In these cases, the regulator should ask: How can consultation and coordination be best carried out between levels of government? Problem-solving, whether regulatory or not, will often involve cooperative action between levels of government. Co-operation, in turn, may require the building of new forms of administrative partnerships and relationships. So that regulations can be implemented successfully, regulators should ensure that administrative capacities to accomplish tasks and duties are fully in place, and should carry out necessary consultation and training programmes to achieve this." (OCDE, 1995, p. 16).

52 O Relatório de 1997 da OCDE traz a seguinte definição: "Regulatory reform is used in the OECD work to refer to changes that improve regulatory quality, that is, enhance the performance, cost-effectiveness, or legal quality of regulations and related government

pretendido de melhoria da qualidade regulatória poderia ser alcançado pela mistura de regulações (no original, *mix of regulation*), por novas regulações ou pela desregulação, sendo que as primeiras formas tendem a abranger as regulações social e administrativa e, a última, econômica (1997, p. 8).

Dentre outros medidas necessárias, segundo o Relatório de 1997 da OCDE, a reforma deve passar pela introdução de maior coordenação regulatória, que, inclusive, pode contribuir para mitigar os custos de transição do modelo regulatório (OCDE, 1997, p. 11)[53]. Além disso, essas recomendações beneficiariam o incremento da *international transparency and understanding of national regulatory systems*, conforme reconhece a OCDE (1997, p. 27).

As 7 recomendações encartadas no Relatório de 1997 da OCDE visavam superar gargalos regulatórios presentes em cada país-membro, apesar de se reconhecer os diferentes ritmos e níveis de implementação das medidas necessárias, mas não apenas. Pela importância, a primeira recomendação no sentido de "adotar no nível político amplos programas de reforma regulatória que estabeleçam claramente objetivos e padrões para implementação" (1997, p. 27) compreendia a necessidade de

formalities. Reform can mean revision of a single regulation, the scrapping and rebuilding of an entire regulatory regime and its institutions, or improvement of processes for making regulations and managing reform. Deregulation is a subset of regulatory reform and refers to complete or partial elimination of regulation in a sector to improve economic performance." (p. 6).

53 Os benefícios da coordenação regulatória vão além da mitigação dos custos de transição do modelo regulatório. Segundo consta no Relatório de 1997 da OCDE, "Regulatory reforms co-ordinated across borders have produced further benefits. Abolition of customs documentation and formalities produced savings of about ECU 5 billion/year (0.7 per cent of the total value of intra-EU trade). Prices of telecommunication equipment dropped by approximately 7 per cent from 1985 to 1995 as a result of harmonisation and mutual recognition initiatives. The number of cross-border branches in the banking sector increased by 58 per cent between 1993 and 1995, following introduction of "home control principles" giving banks a single license to operate across the EU. In the road transport sector, reduced road haulage quotas and border delays produced average savings of 5-6 per cent of total costs. Volume of deliveries by transporters from other Member States increased by 300 per cent between 1990 and 1995." (1997, p. 16)

se estabelecer princípios de "boa regulação"[54] que guiassem a reforma regulatória pretendida (1997, p. 28).

Ainda como decorrência da primeira recomendação, consta a necessidade de se instituir a coordenação regulatória por meio da "criação de mecanismos eficazes e confiáveis no âmbito da Administração para gerir e coordenar a regulação e sua reforma; evitar sobreposições ou duplicações de responsabilidades entre as autoridades reguladoras e os níveis de governo", independentemente da matéria regulada (OCDE, 1997, p. 28).

Na sequência, a OCDE editou vários outros documentos que apontam os rumos da pretendida reforma regulatória que, em comum, trazem a necessidade de maior coerência entre os vários níveis de governo ou autoridades com vistas a evitar a duplicação, a sobreposição, conflitos ou excesso de regulação.

No OECD *Working Papers on Public Governance* nº 4, intitulado *Indicators of Regulatory Management Systems,* há a referência de que, em 2005, foram mapeados 20 países e a União Europeia que adotam algum tipo de mecanismo formal de coordenação regulatória nos níveis nacional/federal e estadual/regional (2007, p. 22).

A atuação das entidades de supervisão é fundamental para a coordenação regulatória, pois a busca pelo cumprimento da sua missão favorece a melhoria da qualidade regulatória, desde que dotadas dos recursos orçamentários necessários, legitimados pelos seus mandatos legais e com governança que permita o desempenho de suas atividades visando às melhores práticas regulatórias. Nesse sentido, pode-se dizer que a OCDE encampa essa visão ao reconhecer que as entidades de supervisão

[54] A boa regulação, tal como referida no Relatório de 1997, consistia no seguinte: "(i) be needed to serve clearly identified policy goals, and effective in achieving those goals; (ii) have a sound legal basis; (iii) produce benefits that justify costs, considering the distribution of effects across society; (iv) minimise costs and market distortions; (v) promote innovation through market incentives and goal-based approaches; (vi) be clear, simple, and practical for users; (vii) be consistent with other regulations and policies; and (viii) be compatible as far as possible with competition, trade and investment-facilitating principles at domestic and international levels." (OCDE, 1997, p. 28).

são instituições essenciais para o sistema regulatório, haja vista as suas funções que permitem "a promoção da reforma, da qualidade regulatória e dos seus benefícios"[55]. A OCDE, ao descrever as características comuns às entidades de supervisão, dedicou papel-chave para a melhoria da qualidade regulatória à "capacidade de coordenação dos quadros institucionais". (2008, p. 5).

Por meio da *Recommendation of the Council on Regulatory Policy and Governance*, publicada em 2012, ao tratar da reforma regulatória, a OCDE enfatizou a importância da coordenação regulatória ao reconhecer, na recomendação nº 10[56], que seus mecanismos podem servir como meios possíveis para endereçar respostas aos desafios[57] relacionados à

[55] "Oversight bodies are an essential regulatory institution, which enhances quality in regulatory processes and their reforms. Their mission is to supervise, co-ordinate, challenge and advice regulators while promoting reform, regulatory quality and its benefits. These institutions should have the capacity to co-ordinate, maintain a whole-of-government perspective and a broad concept of reform, holding sufficient authority and preferably benefit from a permanent mandate. 23. The path to building a well functioning oversight body is not a single straight line. The first task to build this institution is to assess the regulatory situation, its advantages and its challenges, and draw clear policy objectives. Oversight bodies should have an incremental approach in tasks, and should be constantly developing capacities and skills of human resources. As for their internal organisation there are several possibilities: a body structured in working groups for each function, some of them of permanent nature; but also enough flexibility to form ad hoc groups which could respond to a changing environment. In order to inform this process, a research unit might be created, evaluating and supporting the oversight body and other institutions involved in the regulatory system. "Regulatory quality is not merely an issue of maintaining levels of performance, but of achieving continuous improvement over time" (OCDE, 2008, p. 9).

[56] Segue a recomendação em questão: "10. Where appropriate promote regulatory coherence through co-ordination mechanism between the supranational, national and sub-national levels of government. Identify cross-cutting regulatory issues at all levels of government, to promote coherence between regulatory approaches and avoid duplication or conflict of regulation."

[57] A perspectiva da OCDE é no sentido de que problemas de coordenação regulatória não acontecem apenas no nível doméstico de determinado país-membro. A esse respeito, "Formalised governance arrangements for international regulatory co-operation, and their practical consequences, are not well understood. The crisis of 2008 exposed regulatory gaps in the financial sector; issues of co-ordination across regulations in the energy, health, environment, transport and consumer safety fields are also evident. Globalisation has been and will remain a key agent of change, raising issues of competitiveness in any assessment of a country's domestic regulatory agenda. The domestic

necessidade de maior coerência entre as várias abordagens regulatórias e às disfuncionalidades decorrentes das delegações compartilhadas, que são enfrentados pelos vários níveis de governo e setores regulados (2012, p. 17). A OCDE desdobrou essa recomendação em várias outras ações passíveis de serem adotadas pelos países-membros (2012, p. 17).

Em 2022, a OCDE, por meio da publicação "Reforma Regulatória no Brasil", reconheceu que houve avanços relativos à pauta da coerência e da coordenação regulatória, mas constatou que alguns desafios, nessa agenda, persistem, tanto no nível nacional quanto subnacional, e, por isso, apresentou recomendações que devem se desdobrar em ações por parte do Brasil para endereçar soluções. Dentre essas recomendações, destaca-se a necessidade de "incorporar a coerência regulatória como um pilar fundamental da política regulatória do país" (OCDE, 2022, p. 17).

A OCDE recomendou também que fosse avaliada a possibilidade de consolidação da função de supervisão da "política de melhoria da regulação a um único órgão" (2022, p. 75). Não obstante, diante da descentralização das instâncias de supervisão, recomendou que sejam definidos mecanismos de coordenação a serem utilizados e que se evitem as sobreposições de funções (OCDE, 2022, p. 75).

Ao tratar das tendências relacionadas à melhoria regulatória no Brasil, Ragazzo (2018, p. 515) traz o contexto em que as preocupações mais identificadas com a melhora regulatória surgiram, o que inclui a necessidade de coordenação efetiva. Segundo o autor, há relação direta entre a necessidade de regular melhor como forma de atração de novos investimentos estrangeiros e para alcançar resultados efetivos para o país em

regulatory policy agenda must take account of the problems of cross-border risks, and contribute to preventing the development of international systemic problems which will have consequences within a country's borders. Governments have to balance the goals of preventing regulation from becoming an inappropriate impediment to trade in goods and services, while also ensuring that regulatory systems are effective at achieving public policy goals and promoting confidence in the capacity of the regulatory system." (2012, p. 31).

decorrência de "novas demandas de ordem econômica e social", o que, em dado momento, afastou o cerne da discussão do desenho institucional e desregulação.

Segundo o autor, o Programa de Fortalecimento da Capacidade Institucional para Gestão em Regulação ("PRO-REG")[58], criado em 2007 por meio do Decreto nº 6.062, de 16 de março de 2007, com, nos termos do seu artigo 1º, "finalidade de contribuir para a melhoria do sistema regulatório, da coordenação entre as instituições que participam do processo regulatório exercido no âmbito do Governo Federal, dos mecanismos de prestação de contas e de participação e monitoramento por parte da sociedade civil e da qualidade da regulação de mercados", denotou maior importância conferida às discussões travadas sobre melhoria regulatória e pode ser considerada uma primeira onda de evolução do assunto no Brasil (2018, p. 518).

A implementação do PRO-REG gerou efeitos não uniformes[59] no ambiente regulatório brasileiro e, como consequência, deu ensejo a uma

[58] Nos termos do artigo 2º do Decreto nº 6.062, de 2007, o PRO-REG tem os seguintes objetivos:

"Art. 2º O PRO-REG deverá contemplar a formulação e implementação de medidas integradas que objetivem:

I - fortalecer o sistema regulatório de modo a facilitar o pleno exercício de funções por parte de todos os atores;

II - fortalecer a capacidade de formulação e análise de políticas públicas em setores regulados;

III - a melhoria da coordenação e do alinhamento estratégico entre políticas setoriais e processo regulatório;

IV - o fortalecimento da autonomia, transparência e desempenho das agências reguladoras; e

V - o desenvolvimento e aperfeiçoamento de mecanismos para o exercício do controle social e transparência no âmbito do processo regulatório."

[59] Cf Ragazzo:"De acordo com o apresentado até o momento, o movimento original de melhora da qualidade regulatória no Brasil (1ª onda) evoluiu no sentido da adoção de práticas heterogêneas por parte das principais entidades reguladoras setoriais (2ª onda). Não obstante, a realidade evidencia que tal evolução não parece ter sido suficiente para fazer frente a um dos principais objetivos associados à ideia de better regulation e de regulação em si: estimular o aumento do investimento privado, principalmente, em projetos de infraestrutura. (...)

Tal novo ciclo, além da falta de uniformidade das experiências das agências reguladoras federais com instrumentos de melhora regulatória (conforme exposto mais segunda onda, que, segundo o autor, representou "a inauguração de um movimento de sistematização e de efetiva coordenação das melhores práticas em regulação" (RAGAZZO, 2018, p. 528). Nesse sentido, seguiram-se iniciativas que representaram esforços com vistas a superar as deficiências presentes no sistema regulatório brasileiro, marcado pela heterogeneidade de abordagens regulatórias e ausência de coordenação efetiva (RAGAZZO, 2018, p. 528-539).

Por meio da edição do Decreto nº 11.738, de 18 de outubro de 2023, foi revogado o Decreto nº 6.062, de 16 de março de 2007, com o objetivo de instituir um novo Programa de Fortalecimento da Capacidade Institucional para Gestão em Regulação - PRO-REG, que tem finalidade, nos termos do seu artigo 1º, "apoiar a implementação de boas práticas regulatórias e de aprimorar a coordenação do processo regulatório na administração pública federal direta, autárquica e fundacional".

No PRO-REG de 2023, a articulação dos órgãos e entidades reguladoras, dentre outras funções, compete ao seu Comitê Gestor, instituído no âmbito do Ministério do Desenvolvimento, Indústria, Comércio e Serviços, consoante previsto no artigo 4º do Decreto. O Comitê Gestor, por sua vez, será composto por representantes do Ministério do Desenvolvimento, Indústria, Comércio e Serviços, que o presidirá; da Advocacia-Geral da União; da Casa Civil da Presidência da República; da Controladoria-Geral da União; do Ministério da Fazenda; do Ministério da Gestão e da Inovação em Serviços Públicos; e do Ministério do Planejamento e Orçamento, sendo que a secretaria-executiva do Comitê Gestor do PRO-REG será exercida pela Secretaria de Competitividade e Política

acima), também deveria ser capaz de lidar com a ausência de uma liderança institucional responsável por comandar de forma organizada todas as iniciativas isoladas das agências19. Muito embora reconheça-se que a Casa Civil da Presidência da República viesse assumindo papel de agente coordenador do sistema regulatório nacional, quando do início (em 2003) das discussões sobre arranjo institucional das agências20, fato é que, na prática, tal coordenação não resultou na adoção sistemática e uniforme das ferramentas de melhora regulatória por parte dos principais atores da regulação nacional." (2018, p. 525, 527-528)

Regulatória do Ministério do Desenvolvimento, Indústria, Comércio e Serviços, conforme disposto nos artigos 5º e 9º do Decreto.

Nesta seção, buscou-se situar o objetivo de maior coordenação regulatória para superação das disfuncionalidades decorrentes dos modelos de delegação de competências que esteve presente nas análises e recomendações da OCDE no contexto da agenda da melhoria da qualidade regulatória, tendo em vista as realidades da política e da governança regulatória dos seus países-membros. No contexto brasileiro, segundo a doutrina, a política regulatória do país ainda não alcançou o resultado que se espera de maior integração, harmonização e articulação do funcionamento das estruturas da Administração Pública por meio da coordenação regulatória. A implementação efetiva do novo PRO-REG pode contribuir para o aprimoramento da coordenação regulatória. A propósito, a política regulatória do Brasil foi objeto do diagnóstico apresentado no Relatório de 2022 da OCDE, cujo resultado aponta que a tendência de coordenação efetiva ainda não se confirmou no contexto brasileiro.

A pretensão de ingresso do Brasil na OCDE acresce um motivo para que as fragilidades da política regulatória, incluindo aquelas decorrentes do modelo da delegação de competências e da deficiência da coordenação regulatória, sejam superadas. A coordenação regulatória do SFN está inserida nesse contexto. O referencial teórico exposto é fundamental para compreensão das análises das seções seguintes, que enfocam no SFN.

2

O SISTEMA FINANCEIRO NACIONAL E A COORDENAÇÃO REGULATÓRIA

Em relação à realidade brasileira, os postulados constitucionais da ordem econômica fizeram emergir o Estado Subsidiário que, consoante previsto no parágrafo único do artigo 170 e no *caput* do artigo 173 da Constituição Federal de 1988, confere à livre iniciativa a exploração da atividade econômica como regra e independentemente de prévia autorização, cabendo ao Estado a intervenção direta somente nos casos[1] em que constatados os imperativos de segurança nacional ou de relevante interesse coletivo nos termos da lei[2].

1 O exercício de atividade econômica monopolística pelo Estado, por exemplo.

2 A esse respeito: "De acordo com o conhecimento jurídico convencional brasileiro, nosso sistema constitucional reservou à iniciativa privada papel preponderante, e ao poder público, papel residual. Assim, apenas excepcionalmente – isto é, quando a iniciativa privada não puder provê-lo de modo satisfatório –, poderá o estado brasileiro intervir de modo direto na economia, ao constituir empresas estatais para concorrer com empresas privadas. Isto seria próprio do modelo de constituição econômica adotado pela constituição de 1988, e, de resto, próprio do capitalismo." (MENDONÇA, 2017)

Como evidência (talvez a mais premente) da emergência do Estado Regulador no Brasil, destaca-se a escolha pelo modelo de agências públicas, entidades estatais não-majoritárias às quais compete a concretização da política pública para os setores regulados, caracterizadas pelo seu caráter eminentemente técnico, o que requer um corpo de pessoas capacitadas tecnicamente para os seus assuntos específicos, independência, dentre outros atributos.

As autarquias especiais supervisoras do âmbito do SFN não foram alçadas à categoria de agências reguladoras. Contudo, essas entidades da Administração Pública Indireta são dotadas de funções, cujo propósito engloba a concretização da política pública para seus setores, que são formuladas pelos órgãos aos quais a Lei atribuiu propriamente a função reguladora do SFN, quais sejam: o Conselho Monetário Nacional (CMN), o Conselho Nacional de Seguros Privados (CNSP) e o Conselho Nacional de Previdência Complementar (CNPC).

2.1 Principais marcos normativos do SFN

Dados do Relatório de Economia Bancária 2023 dão conta de que, em 2023, houve uma desaceleração do crédito[3] como decorrência, dentre outros fatores, da política monetária restritiva e do aumento da inadimplência, segundo o Relatório de Economia Bancária 2023. Nesse sentido, o saldo das operações de crédito por pessoa física apresentou a variação positiva de 10,4%, enquanto, em 2022, variou em 17,7%. Da mesma forma, o saldo das operações de crédito por pessoa jurídica apresentou, em

[3] Sobre o tema: "O crescimento do crédito no Sistema Financeiro Nacional (SFN) desacelerou em 2023, impactado pelos efeitos defasados da política monetária restritiva e pelo aumento da inadimplência, entre outros fatores. A desaceleração ocorreu de forma mais intensa nas carteiras de crédito livre (Gráfico 1.1), com perda de dinamismo tanto no segmento de pessoas físicas como no de pessoas jurídicas. O crédito direcionado mostrou comportamento distinto entre seus componentes, com arrefecimento em pessoasfísicas e aceleração em pessoas jurídicas. Osindicadores do quarto trimestre, entretanto, mostraram melhora, com redução da taxa média de juros, aumento das concessões do crédito livre e queda da inadimplência." Disponível em: https://www.bcb.gov.br/publicacoes/relatorioeconomiabancaria. Acesso em: 07 jun 24, p. 13.

2023, variação positiva de 4,7%, enquanto, em 2022, variou 10,1%. A despeito da conjuntura de desaceleração, no Brasil, o saldo das operações de crédito para pessoa física superou R$ 3,5 bilhões e para pessoa jurídica superou R$ 2,272 bilhões[4][5]. O Relatório Gerencial de Previdência Complementar dá conta de que o patrimônio acumulado dos fundos de pensão e das entidades abertas de previdência complementar/seguradoras, em dezembro de 2023, atingiu R$ 2,74 trilhões[6], tendo havido aumento de 11,4% em relação a dezembro de 2022[7]. A receita dos mercados supervisionados pela SUSEP no acumulado até abril de 2024 foi de R$ 138,74 bilhões, o que, segundo reportado no Relatório Mensal do Mercado Supervisionado do mês de abril de 2024 elaborado pela própria entidade de supervisão, representou crescimento de 18,1% em relação ao mesmo período de 2023[8]. Os números superlativos dos segmentos do SFN denotam a importância dos setores do sistema para a circulação de recursos, a produção de riqueza e a poupança nacional.

A estrutura atual do SFN decorre de uma sucessão de eventos associados à necessidade de criar as condições necessárias para a expansão econômica. A Lei nº 4.595/1964[9], ainda vigente, organizou o SFN, que

4 Disponível em: https://www.bcb.gov.br/publicacoes/relatorioeconomiabancaria. Acesso em: 07 jun 24, p. 115 e 118.

5 A razão crédito/Produto Interno Bruto (PIB) do ano de 2022 havia avançado para 53,8%, em comparação ao ano de 2021, que fechara em 52,6%. Disponível em: https://www.bcb.gov.br/publicacoes/relatorioeconomiabancaria. Acesso em: 01 out 23, p. 13.

6 Disponível em: https://www.gov.br/previdencia/pt-br/assuntos/previdencia-complementar/mais-informacoes/arquivos/rgpc_202404b.pdf. Acesso em: 02 jul 24, p. 21.

7 Disponível em: https://www.gov.br/previdencia/pt-br/assuntos/previdencia-complementar/mais-informacoes/arquivos/rgpc_202404b.pdf. Acesso em: 02 jul 24, p. 21.

8 Disponível em: https://www.gov.br/susep/pt-br/arquivos/arquivos-dados-estatisticos/sinteses-mensais/2024/SnteseAbrilvfinalsite.pdf. Acesso em: 02 jul 24, p. 4.

9 A gênese do BCB, remonta a edição do Decreto-Lei nº 7.293, de 02 de fevereiro de 1945, no Governo Getúlio Vargas, que, nos termos do seu artigo 1º, criou a Superintendência da Moeda e do Crédito (SUMOC), instalada no Rio de Janeiro. A SUMOC tinha por objetivo imediato exercer o controle do mercado monetário e preparar a organização do Banco Central, sendo que, enquanto não houvesse a criação do Banco Central, estaria no papel de autoridade monetária do Brasil. Dentre as suas atribuições, cabia à SUMOC orientar a política de câmbio e operações bancárias em geral, além da orientação à fiscalização dos bancos, conforme previsto nas alíneas 'g' e 'h' do artigo 3º do Decreto-Lei nº 7.293/1945. A sua transformação no BCB deu-se por meio da entrada em vigor da Lei

inicialmente se constituiu das seguintes instituições, nos termos do seu artigo 1°, a saber: (a) CMN, (b) BCB; (c) Banco do Brasil; (d) Banco Nacional do Desenvolvimento Econômico (BNDE); (e) demais instituições financeiras públicas ou privadas. O quadro adaptado abaixo enumera os principais marcos normativos infraconstitucionais que traçam a evolução do SFN.

QUADRO 1 - Principais Marcos Legais da Evolução do Sistema Financeiro Nacional

Ano	Marco	Evento
1939	Decreto-Lei nº 1.186, de 3 de abril de 1939	Nos termos do artigo 3º, é criado o IRB que tem *por objeto regular os resseguros no país e desenvolver as operações de seguros em geral.*
1945	Decreto-Lei nº 7.293 de 02 de fevereiro de 1945	Nos termos do artigo 1º, é criada a Superintendência da Moeda e do Crédito (SUMOC).
1952	Lei nº 1.628, de 20 de junho de 1952	Nos termos do artigo 8º, é criado o *Banco Nacional do Desenvolvimento Econômico, que também atuará, como agente do Governo, nas operações financeiras que se referirem ao reaparelhamento e ao fomento da economia nacional.*
1964	Lei nº 4.380, de 21 de agosto de 1964	Nos termos do artigo 16, é criado o Banco Nacional da Habitação, que integra o Sistema Financeiro, a quem cabe, conforme o inciso I do artigo 17, *orientar, disciplinar e controlar o sistema financeiro da habitação.*
	Lei nº 4.595, de 31 de dezembro de 1964	Nos termos dos artigos 2º e 8º, é criado o Conselho Monetário Nacional e transformada a SUMOC no BCB.
1965	Lei nº 4.728, de 14 de julho de 1965	Regulou o mercado de capitais que, a exemplo do mercado financeiro, seria disciplinado pelo CMN e fiscalizado pelo BCB.

nº 4.595, de 31 de dezembro de 1964, conhecida por "Lei da Reforma Bancária", conforme previsto no seu artigo 8° (GONÇALVES; SOUZA, 2018); o seu Conselho deu lugar ao Conselho Monetário Nacional (CMN), que teria por finalidade formular a política da moeda e do crédito, consoante consta no artigo 2° da referida Lei. O inciso VII do artigo 3° da mesma Lei dispõe que a política do CMN objetiva, dentre outros, coordenar as políticas monetária, creditícia, orçamentária, fiscal e da dívida pública, interna e externa. Ademais, nos termos do inciso VIII do artigo 4° da Lei nº 4.595/1964 compete ao CMN regular a constituição, funcionamento e fiscalização dos que exercerem atividades subordinadas a esta lei, bem como a aplicação das penalidades previstas.

Ano	Marco	Evento
1966	Decreto-Lei nº 73, de 21 de novembro de 1966	Nos termos do artigo 8º, foi instituído o Sistema Nacional de Seguros Privados. Pelo artigo 32, foi criado o CNSP com função regulatória do mercado de seguros, dentre outras. Nos termos do artigo 42, o IRB passou a ter por finalidade a regulação do cosseguro, do resseguro e da retrocessão, bem como a promoção do desenvolvimento das operações de seguro, segundo as diretrizes do CNSP.
1976	Lei nº 6.385, de 7 de dezembro de 1976	Nos termos do artigo 5º, é criada a CVM.
2004	Medida Provisória n° 233, de 2004	Primeira tentativa de criação da Superintendência Nacional de Previdência Complementar - PREVIC.
2009	Lei nº 12.154, de 23 de dezembro de 2009	Nos termos do artigo 1º, cria a Superintendência Nacional de Previdência Complementar - PREVIC.
2010	Decreto nº 7.123, de 3 de março de 2010	Dispõe sobre o Conselho Nacional de Previdência Complementar - CNPC e sobre a Câmara de Recursos da Previdência Complementar - CRPC.

Fonte: Adaptado de GONÇALVES; SOUZA, 2018

2.2 Organização do SFN

Segundo Jim Rossi e Jody Freeman, ao classificarem os tipos de delegação legislativa do Congresso dos EUA às agências, trataram das *related jurisdictional assignments* que ocorrem quando são atribuídas funções para mais de uma agência com base nos produtos ou atividades, mas com o mesmo propósito (2012, p. 1146). Essas agências constituem partes de um sistema e, segundo os autores, teoricamente não há óbice para que atuem separadamente (FREEMAN; ROSSI, 2012, p. 1146). Entretanto, Freeman e Rossi correlacionam diretamente a efetividade da atuação institucional por cada agência à consistência que deve haver nas suas diretrizes, considerando o risco sistêmico envolvido (2012, p. 1146-1148).

Ainda, haveria um risco sistêmico mais agravado se estiver diante do que os Autores consideram ser uma fragmentação severa da delegação de atribuição e não houver uma agência a qual se atribua funções que permitam a visão de todo o sistema (FREEMAN; ROSSI, 2012, p.

1147-1148). As vantagens e desvantagens do modelo mencionado serão abordadas no capítulo específico deste trabalho. É oportuno, entretanto, pontuar que o modelo de delegação marcado pela fragmentariedade provoca disfuncionalidades que podem ser superadas por uma coordenação regulatória eficiente (FREEMAN; ROSSI, 2012, p. 1150-1151).

Quando se trata do SFN, as autarquias especiais constituem partes do todo cujo propósito encontra-se constitucionalmente definido. A organização do SFN ocorre com base no setor regulado e, em comum, gira em torno de atividades econômicas que viabilizam a circulação de recursos e geração de riqueza. O SFN encontra previsão no artigo 192 da Constituição Federal de 1988, que, nos termos da redação conferida pela Emenda Constitucional nº 40/2003, prevê a sua estruturação com vistas "a promover o desenvolvimento equilibrado do País e a servir aos interesses da coletividade, em todas as partes que o compõem, abrangendo as cooperativas de crédito, será regulado por leis complementares".

Anteriormente à edição da Emenda Constitucional nº 40/2003, a redação conferida ao inciso II do artigo 192 explicitava que, dentre outros assuntos, caberia à Lei Complementar dispor sobre a "autorização e funcionamento dos estabelecimentos de seguro, previdência e capitalização, bem como do órgão oficial fiscalizador e do órgão oficial ressegurador", o que denota estarem esses setores regulados englobados no SFN.

Pode-se dizer que o SFN engloba 3 blocos de setores regulados, a saber:

1. moeda, crédito, capital e câmbio: compõem os mercados monetário, de crédito, de capital e de câmbio;
2. seguros privados: composto pelos produtos de seguros privados, capitalização e previdência complementar aberta; e
3. previdência fechada: composto pelos planos de previdência complementar fechada, conhecidos por fundos de pensão.

A governança do SFN se estrutura em 3 níveis, são eles: normativo, supervisor e operador.

QUADRO 2 - Governança do SFN

	Moeda, crédito, capitais e câmbio			**Seguros privados**	**Previdência fechada**
Órgãos normativos	CMN			CNSP	CNPC
Supervisores	BCB		CVM	SUSEP	PREVIC
Operadores	Bancos e Caixas Econômicas	Administradoras de consórcios	Bolsa de Valores	Seguradoras e Resseguradoras	Entidades fechadas de previdência complementar (fundos dc pensão)
	Coperativas de crédito	Corretoras e distribuidoras*	Bolsa de mercadorias e fututo	Entidades abertas de previdência	
	Instituições de pagamento**	Demais instituições não bancárias		Sociedades de capitalização	

* Dependendo de suas atividades corretoras e distribuidoras também são fiscalizadas pela CVM.

** As Instituições de Pagamento não compõem o SFN, mas são reguladas e fiscalizadas pelo BCB, conforme diretrizes estabelecidas pelo CMN.

Fonte: https://www.bcb.gov.br/estabilidadefinanceira/sfn. Acesso em 16 maio 22.

Os órgãos normativos, em comum, possuem composição colegiada e atribuição de regulação dos seus respectivos setores regulados, conforme a previsão do inciso II do artigo 32 do Decreto-Lei nº 73/1966 relativo ao CNSP; do artigo 2º do Decreto-Lei nº 7.123/2010 quanto ao CNPC; e do inciso VIII do artigo 4º da Lei nº 4.595/1964 que trata do CMN.

O BCB, a CVM, a PREVIC e a SUSEP são entidades de supervisão de natureza autárquica especial da esfera federal. Portanto, possuem personalidade jurídica própria e compõem a Administração Pública Federal Indireta. Os Ministérios aos quais estão relacionados fazem o controle finalístico ou tutela administrativa ou supervisão ministerial.

O quadro a seguir denota que as entidades integrantes do nível de supervisão do SFN possuem funções similares que são exercidas sobre determinadas atividades econômico-financeiras relacionadas a setores regulados distintos, embora cada setor seja constitua parte do SFN.

QUADRO 3 - Base normativa da atuação das entidades de supervisão do SFN

PREVIC	**Base normativa**	Artigo 1º, parágrafo único, da Lei nº 12.154, de 23 de dezembro de 2009.
	Funções	Fiscalizar e supervisionar as entidades fechadas de previdência complementar e executar as políticas públicas para o regime de previdência complementar operado pelas entidades fechadas de previdência complementar.
SUSEP	**Base normativa**	Artigos 36 e 111 do Decreto-Lei nº 73/1966; e artigo 3º da Lei Complementar nº 126, de 15 de janeiro de 2007.
	Funções	Executar a política traçada pelo CNSP, bem como fiscalizar a constituição, organização, funcionamento e operações das Sociedades Seguradoras, Resseguradoras, de capitalização e de previdência complementar aberta.
BCB	**Base normativa**	Artigos 164, *caput*, da Constituição Federal; e 9 e 10 da Lei nº 4.595, de 31 de dezembro de 1964.
	Funções	Em linhas gerais, o BCB deve atuar como autoridade monetária e supervisor das instituições financeiras.
CVM	**Base normativa**	Artigo 1º da Lei nº 6.385/1976.
	Funções	Regulamentar e fiscalizar atividades relacionadas ao mercado de capitais.

Elaborado pela Autora a partir das bases normativas mencionadas.

Considerando a instância de supervisão, compete às entidades do SFN o desempenho de atividades que, em dadas circunstâncias, tornam-se redundantes, por vezes complementares ou concorrentes, sendo que a adequada coordenação regulatória entre essas entidades favorece a mitigação dos efeitos dessa delegação de competências e contribui para o aprimoramento da eficiência dos entes, da efetividade do sistema e da *accountability* dos seus agentes públicos. A esse respeito, pretende-se, nas seções seguintes, descrever a coordenação regulatória no SFN, a partir de alguns dos mecanismos formais existentes.

2.3 Coordenação regulatória e entidades de supervisão do SFN

Ao analisar a governança regulatória no contexto brasileiro, Bruno Queiroz Cunha aportou importantes contribuições vis-à-vis os problemas de primeira e de segunda gerações. Os problemas de primeira geração foram associados à implantação do modelo de agências no país, cuja solução estaria em curso diante da possibilidade da edição da Lei das Agências Reguladoras, que se confirmou por meio da Lei nº 13.848, de 25 de junho de 2019 (2018, p 36).

O prognóstico positivo da superação dos chamados problemas de primeira geração foi justificado pelo mencionado Autor pela incorporação das boas práticas de regulação, dentre outros fatores (CUNHA, 2018, p. 37). Não obstante, Cunha identifica deficiências *no papel dinâmico e sistêmico* do sistema regulatório brasileiro, que consistem no seguinte (2018, p. 37):

> O papel dinâmico toca à capacidade do conhecimento regulatório e à expertise de suas instituições atuarem de modo mais sinérgico e intersetorial, alcançando atores e organizações a elas relacionadas, em especial de dentro do próprio aparato do Estado – assim, fluindo informação e propiciando maior coordenação governamental.

Os problemas de segunda geração estão relacionados às deficiências de planejamento e de coordenação. O TCU analisou a "qualidade da implementação e ao alcance de metas e objetivos dos programas e ações governamentais objeto de auditorias operacionais realizadas para subsidiar a discussão do Projeto de Lei Orçamentária Anual", que resultou no

Relatório de Políticas e Programas de Governo de 2017[10] (Relatório TCU de 2017). Segundo o Relatório TCU de 2017 (p. 32), os dois principais problemas estruturais relativos às políticas públicas, em termos percentuais, eram (i) o planejamento e formulação (31%) e (ii) a articulação e coordenação (14%), a seguir:

FIGURA 1 - Problemas identificados nas fiscalizações realizadas em programas e ações de governo

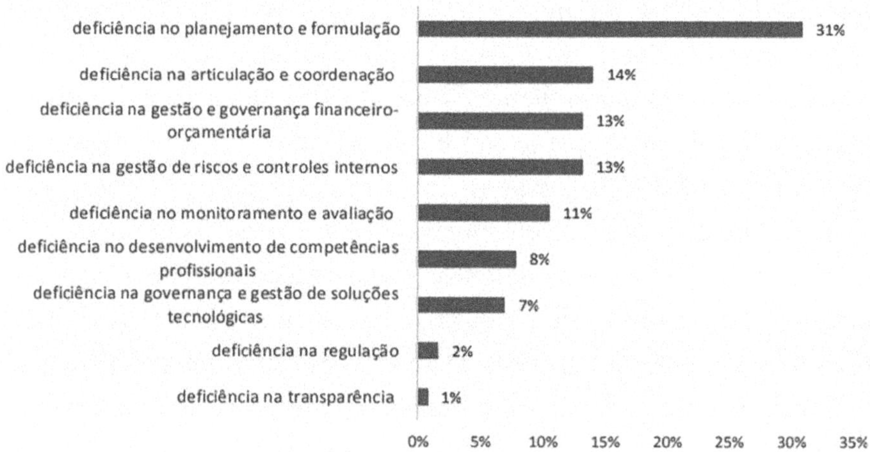

Fonte: Elaboração própria do TCU, com base nos resultados de fiscalizações.

O TCU procedeu à análise da coordenação de políticas públicas, que, segundo consta no Relatório TCU de 2017[11], "é uma função relacionada

10 "Trata-se de Relatório de Políticas e Programas de Governo (RePP), destinado a dar cumprimento ao art. 123 da Lei de Diretrizes Orçamentárias (LDO) para 2018, que confere a este Tribunal responsabilidade de enviar à Comissão Mista do Congresso Nacional, com fundamento no art. 166, § 1°, da Constituição Federal, quadro-resumo relativo à qualidade da implementação e ao alcance de metas e objetivos dos programas e ações governamentais objeto de auditorias operacionais realizadas para subsidiar a discussão do Projeto de Lei Orçamentária Anual." Plenário TCU - TC 018.218/2017-2; Unidades: Diversos órgãos da Administração Pública Federal. Interessado: Congresso Nacional.

11 Segue excerto da conclusão do Relatório do TCU 2017: "No tocante à qualidade da implementação da Administração Pública Federal verificou-se, no capítulo II, a existência de problemas sistêmicos e estruturantes nos pilares da atuação estatal, conforme demonstrado em acórdãos do TCU e em estudos voltados a analisar a estrutura de

com a facilitação da coerência das políticas e programas governamentais e a coordenação produtiva entre partes interessadas envolvidas no processo de política pública" e identificou uma série de deficiências (2017, p. 14). Pela pertinência, listamos algumas das falhas identificadas: a) falta de integração na ação governamental; b) nível baixo de coordenação; c) falta de coerência na atuação governamental conjunta; e d) arranjos institucionais deficientes (TCU, 2017, p. 14-15; 39).

O Relatório de Políticas e Programas de Governo de 2018 do TCU (Relatório TCU de 2018), ao seu turno, ao avaliar a coordenação da implementação das políticas públicas, constatou o quanto segue (2018, p. 28):

> "Embora a coordenação seja essencial para garantir que os diversos sistemas institucionais e gerenciais que formulam e implementam as políticas públicas trabalhem juntos, a aplicação deste componente de governança ainda é bastante incipiente. A análise revelou que deficiências de coordenação entre setores e/ou entre esferas de governo e ausência de articulação entre os atores envolvidos têm prejudicado a coerência entre ações, resultando em ações esparsas e desconectadas, incapazes de gerar soluções integradas e de atender às necessidades da população." Grifou-se

O Relatório de Políticas e Programas de Governo de 2019 do TCU (Relatório TCU de 2019)[12], ao analisar a integração e coordenação de po-

governança e gestão públicas. Aponta-se, em especial, a) fragilidades nos instrumentos que consolidam e institucionalizam a visão estratégica para o desenvolvimento equilibrado e sustentável do país, b) deficiências na capacidade de articulação e coordenação da administração pública federal, c) falhas na governança orçamentária, d) baixa capacidade de monitoramento e avaliação e, por fim, e) a gestão de riscos deficiente nos órgãos da administração pública federal, estadual e municipal." (p. 39)

12 "A análise consolidada das auditorias em políticas públicas foi realizada mediante a aplicação de métodos qualitativos de pesquisa que adotou como critério de observação os oito componentes do Referencial de Avaliação de Governança Políticas Públicas (RAG-PP): (1) institucionalização, (2) planos e objetivos, (3) participação, (4) coordenação e coerência, (5) capacidade organizacional e recursos, (6) gestão de riscos e controle interno, (7) monitoramento e avaliação, e (8) accountability de políticas públicas." (TCU, 2019, p. 8)

líticas públicas, constatou falhas de coordenação em 47% do seu universo amostral de 17 políticas analisadas. Já o Relatório de Políticas e Programas de Governo de 2020 do TCU (Relatório TCU de 2020, no contexto da covid-19, teve enfoque específico nas ações de controle realizadas pela Corte de Contas no âmbito do Programa Especial de Atuação no Enfrentamento à Crise da Covid-19 (2020, p. 4).

Os achados das auditorias do TCU, bem como os parâmetros e diretrizes especificamente relacionados à articulação e coordenação da implementação das políticas públicas fornecem importante referência para avaliar o grau de articulação e coordenação das autarquias especiais do SFN.

2.4 Mecanismos formais de coordenação regulatória no SFN

No contexto do SFN, estão presentes os instrumentos de coordenação regulatória considerados mais comuns pela doutrina, a saber: as consultas; a celebração de acordos ou de memorandos de entendimento; e a elaboração normativa conjunta. Um quarto mecanismo de coordenação regulatória é a existência de uma estrutura que tenha esse propósito de articulação ou coordenação (FREEMAN; ROSSI, 2012, p.1155).

2.4.1 Acordos ou Termos de Cooperação Técnica e/ou Convênios

O resultado da pesquisa aos sítios eletrônicos das autarquias especiais identificou a celebração de Acordos de Cooperação Técnica e/ou Convênios entre CVM e SUSEP; PREVIC e CVM; BCB e CVM; BCB e PREVIC; BCB e SPC; BCB e SUSEP; por sua vez, o Termo de Cooperação Técnica celebrado entre SUSEP e PREVIC foi obtido por meio da solicitação formulada às referidas entidades por meio da plataforma Fala.BR - Plataforma Integrada de Ouvidoria e Acesso à Informação, disponibilizada pela Controladoria-Geral da União, ou seja, estão presentes, na forma de acordos bilaterais, todos as combinações que se formam a partir das autarquias do SFN. Não localizamos em pesquisa ao sítio eletrônico das entidades, entretanto, um acordo que congregue todas as entidades de supervisão do SFN, o que não significa a inexistência desse documento ao tempo da pesquisa realizada para esta obra.

2.4.1.1 Convênio entre BCB e SUSEP

O Convênio firmado entre o BCB e a SUSEP, em 14 de julho de 2005, teve por objeto a definição de procedimentos para (i) o intercâmbio de informações entre as entidades; (ii) "participação coordenada de fiscalização para instituições que participem de conglomerados financeiros" (2005; p. 1); (iii) viabilizar que os agentes públicos de ambas as autarquias participem de seus treinamentos; e (iii) promover a transferência de tecnologia com foco na fiscalização, nos termos da sua Cláusula Primeira. A finalidade geral é a busca pelo ganho de eficiência pelo BCB e pela SUSEP, sendo que cada pilar do seu objeto possui objetivos específicos.

Sobre a governança, o Convênio prevê a criação de comissão, com composição paritária de agentes públicos do BCB e da SUSEP, sendo 3 de cada entidade, a quem incumbe as seguintes atividades:

> (a) decidir pela constituição de subcomissões, temporárias com o objetivo de desenvolver trabalhos específicos relacionados com o objeto deste Convênio;
>
> (b) sugerir alterações nas rotinas utilizadas pelas partes convenentes que se façam necessárias à racionalização do fluxo de documentos e informações à transferência mútua de técnicas de fiscalização de tecnologia entre os dois órgãos;
>
> (c) propor o estabelecimento de critérios e/ou orientações sobre assuntos relacionados com procedimentos, rotinas, técnicas e tecnologias na área de fiscalização, intercâmbio de informação e elaboração de normas; e

> (d) resolver sobre questões omissas e/ou fatos que, de qualquer forma, sejam relevantes para o bom andamento desse convênio. (BCB; SUSEP, 2005, p. 2-3)

A Comissão prevista na Cláusula Sétima do Convênio celebrado entre BCB e SUSEP tem a incumbência de, nos termos da Cláusula Nona, reunir-se semestralmente com a finalidade de avaliação do desempenho da operacionalização dos compromissos assumidos por meio desse Acordo.

2.4.1.2 Convênio entre CVM e SUSEP

De forma bastante similar ao Convênio firmado entre o BCB e a SUSEP, a CVM e a SUSEP firmaram Convênio, em 04 de abril de 2006, com o mesmo objetivo de ganho de eficiência por ambas as entidades, que teve por objeto (i) a definição de procedimentos para o intercâmbio de informações; (ii) a coordenação de ações relacionadas à fiscalização; e (iii) o estabelecimento de sistema de consulta recíproca acerca de normas de interesses afins.

Sobre a governança, o Convênio prevê a criação de comissão, com composição paritária de agentes públicos da CVM e da SUSEP, sendo 2 de cada entidade, a quem incumbe as seguintes atividades:

> "a) decidir pela constituição de subcomissões, temporárias com o objetivo de desenvolver trabalhos específicos relacionados com o funcionamento do Sistema de Intercâmbio de Informações CVM/SUSEP e as programações coordenadas de supervisão;
>
> b) sugerir alterações nas rotinas utilizadas pelas partes convenentes que se façam necessárias à racionalização do fluxo de documentos e informações entre os dois órgãos;

c) propor o estabelecimento de critérios e/ou orientações sobre assuntos relacionados com procedimentos ou rotinas na área de supervisão e intercâmbio de informações; e

d) resolver sobre questões omissas e/ou fatos que, de qualquer forma, sejam relevantes para o bom andamento desse convênio." (CVM; SUSEP, 2006, p. 3)

A Comissão prevista na Cláusula Nona do Convênio celebrado entre CVM e SUSEP tem a incumbência de, nos termos da Cláusula Décima Primeira, reunir-se bimestralmente com a finalidade avaliação do desempenho da operacionalização dos compromissos assumidos por meio desse Acordo. Aqui, verifica-se a realização dessa avaliação com intervalo mais reduzido em comparação ao previsto no Convênio firmado entre o BCB e a SUSEP.

2.4.1.3 Termo de Cooperação Técnica entre PREVIC e SUSEP

A PREVIC e a SUSEP, por sua vez, firmaram, em 19 de dezembro de 2012, Termo de Cooperação Técnica que se assenta sobre os pilares da troca de informação e da coordenação nas programações de fiscalização com o objetivo precípuo de ganho de eficiência pelas entidades. Os §§ 3º e 4º do Termo de Cooperação preveem as possibilidades de atividades relacionadas à gestão do conhecimento dos seus quadros de forma conjunta e a realização de estudos conjuntos com vistas ao aprimoramento normativo da previdência complementar.

A operacionalização do Termo de Cooperação fica a cargo de comissão constituída por membros de ambas as autarquias, embora não esteja previsto no documento o número de integrantes, à qual cabem responsabilidades similares àquelas previstas nos Convênios supramencionados, sendo que, diferentemente dos instrumentos anteriores, há previsão de realização de reunião ordinária, no mínimo, a cada trimestre. Não há, entretanto, previsão no sentido de que cabe a essa Comissão a avaliação da operacionalização dos compromissos assumidos por esse Termo de Cooperação entre PREVIC e SUSEP.

2.4.1.4 Convênio entre BCB e CVM

O Convênio firmado entre o BCB e a CVM, em 25 de abril de 2014, em suas considerações, elenca algumas das atribuições de cada autarquia, algumas das quais compartilhadas, e reconhece a importância da coordenação com os objetivos claramente definidos, a saber:

> *"alcançar plenamente os objetivos de que tratam, precipuamente, o art. 3º da Lei 4.595, de 1964*[13]*, e o art. 4º, da Lei nº 6.385, de 1976*[14]*, bem como, o mais possível, coesão sistêmica de atuações, clareza, previsibilidade e segurança jurídica, redução do custo*

13 Lei nº 4.595, de 1964. Art. 3º A política do Conselho Monetário Nacional objetivará: I - (Revogado Pela Lei Complementar nº 179, de 2021); II - (Revogado Pela Lei Complementar nº 179, de 2021); III - (Revogado Pela Lei Complementar nº 179, de 2021); IV - Orientar a aplicação dos recursos das instituições financeiras, quer públicas, quer privadas; tendo em vista propiciar, nas diferentes regiões do País, condições favoráveis ao desenvolvimento harmônico da economia nacional; V - Propiciar o aperfeiçoamento das instituições e dos instrumentos financeiros, com vistas à maior eficiência do sistema de pagamentos e de mobilização de recursos; VI - Zelar pela liquidez e solvência das instituições financeiras; VII - Coordenar as políticas monetária, creditícia, orçamentária, fiscal e da dívida pública, interna e externa.

14 Lei nº 6.385, de 1976. Art. 4º O Conselho Monetário Nacional e a Comissão de Valores Mobiliários exercerão as atribuições previstas na lei para o fim de: I - estimular a formação de poupanças e a sua aplicação em valores mobiliários; II - promover a expansão e o funcionamento eficiente e regular do mercado de ações, e estimular as aplicações permanentes em ações do capital social de companhias abertas sob controle de capitais privados nacionais; III - assegurar o funcionamento eficiente e regular dos mercados da bolsa e de balcão; IV - proteger os titulares de valores mobiliários e os investidores do mercado contra: a) emissões irregulares de valores mobiliários;

b) atos ilegais de administradores e acionistas controladores das companhias abertas, ou de administradores de carteira de valores mobiliários. c) o uso de informação relevante não divulgada no mercado de valores mobiliários. (Alínea incluída pela Lei nº 10.303, de 31.10.2001) V - evitar ou coibir modalidades de fraude ou manipulação destinadas a criar condições artificiais de demanda, oferta ou preço dos valores mobiliários negociados no mercado; VI - assegurar o acesso do público a informações sobre os valores mobiliários negociados e as companhias que os tenham emitido; VII - assegurar a observância de práticas comerciais equitativas no mercado de valores mobiliários; VIII - assegurar a observância no mercado, das condições de utilização de crédito fixadas pelo Conselho Monetário Nacional.

de observância no âmbito do sistema financeiro como um todo e, em última análise, a estabilidade financeira nos planos nacional e internacional." (BCB; CVM, 2014, p. 2)

É notória a relevância da coordenação e da articulação para as atuações do BCB e da CVM. Nesse sentido, consoante disposto na sua Cláusula Primeira, o objeto do Convênio firmado entre BCB e CVM prevê a definição de procedimentos para viabilizar essa coordenação e articulação, bem como a permanente troca de informações. Além disso, explicita a definição de procedimentos para viabilizar a consulta prévia entre autarquias diante de determinados assuntos e situações. Pela sua importância, os procedimentos e prazos definidos visam à operacionalização das seguintes medidas:

1. manifestação prévia, ou seja, consulta a ser realizada uma em relação a outra autarquia sobre assuntos afins especificados, incluindo edição de normas, que, em comum, têm potencial para gerar reflexos na atuação e nos regulados de ambas as entidades;
2. previsão de decisões-conjuntas;
3. intercâmbio de informações e manutenção do acesso sistêmico onde podem ser obtidas essas informações;
4. solicitações de informações que podem ser formuladas pela autarquia aos supervisionados da sua congênere;
5. atividades relacionadas à supervisão e à fiscalização;
6. racionalização de processos, procedimentos e exigências aos supervisionados com vistas à redução dos custos envolvidos, de natureza regulatória, administrativa e operacional; e
7. cooperação para o desenvolvimento dos quadros de agentes públicos de ambas as entidades.

A respeito da decisão-conjunta, o Convênio sob análise atuou na vanguarda da Administração Pública ao prever essa hipótese, antes mesmo de edição de sua previsão legal, que veio apenas com a edição da Lei nº 14.210, de 30 de setembro de 2021[15][16].

O Convênio prevê em sua Cláusula Segunda, a respeito da coordenação e articulação de atividades comuns, conjuntas e correlatas, uma minudente descrição da governança da cooperação que se pretendia estabelecer entre o BCB e a CVM, considerando os níveis estratégico, tático e operacional, contemplando definições sobre quem e quantos compõem cada nível de governança; nível decisório; criação de comissão e respectiva composição, definição da periodicidade das reuniões, dentre outras medidas para operacionalização do ajuste. Além disso, o BCB e a CVM acordaram procedimentos a serem observados em caso de constatação de irregularidades, conforme disposto na Cláusula Sétima do Convênio.

2.4.1.5 Convênio entre BCB e PREVIC

O Convênio firmado entre o BCB e a PREVIC, em 16 de fevereiro de 2016, possui similaridade àquele firmado entre o BCB e a CVM quanto ao seu objeto, embora não preveja a decisão-conjunta tampouco a possibilidade de solicitações diretamente aos supervisionados da sua congênere, mas engloba a possibilidade de compartilhamento de estudos técnicos econômicos, atuariais e análises setoriais realizados de forma

[15] Sobre a decisão-conjunta ou decisão coordenada, tal como intitulou a Lei nº 14.210/2021, ressalta-se o seguinte: "A possibilidade de decisão coordenada não altera as atribuições legalmente previstas dos agentes decisores, tampouco exclui as suas responsabilidades, consoante previsto no §4º do artigo 49-A da Lei (BRASIL, 2021); devendo ser sempre observados "os princípios da legalidade, da eficiência, da transparência, e, quando necessário, utilizados da simplificação do procedimento e da concentração das instâncias decisórias", a teor do que dispõe o 5º do mesmo dispositivo legal (BRASIL, 2021)." (SILVA, A. C. M. P., 2022, p. 46)

[16] Apesar de a doutrina reconhecer o mérito da regulamentação da decisão coordenada pela Lei nº 14.210/2021, as opções legislativas limitaram a sua aplicabilidade, o que tem sido objeto de críticas. Nesse sentido, conferir SILVA, A. C. M. P. Coordenação Regulatória no Sistema Financeiro Nacional e Análise da Lei 14.210/2021. *Revista da Procuradoria-Geral do Banco Central.* / Banco Central do Brasil. Procuradoria-Geral. Vol. 16, n. 1, jun. 2022. Brasília: BCB, 2022.

individualizada pela própria autarquia ou por ela contratado, bem como a realização de estudos conjuntos dessa natureza.

A Cláusula Segunda trata da coordenação e articulação das atividades comuns, conjuntas ou correlatas, especificamente prevê como se dá a governança para operacionalização do Convênio firmado entre o BCB e a PREVIC. Em linhas gerais, há previsão da constituição de comissão com número variável de membros, entre 3 e 5 membros indicados pela Diretoria de cada entidade, que será coordenada por um representante de cada autarquia a quem caberá a definição de calendário anual das reuniões da comissão para o ano seguinte.

A dicção da Cláusula Segunda permite concluir que há possíveis iniciativas que ficam a critério dos coordenadores da Comissão, ou seja, o desdobramento dos trabalhos da Comissão depende da discricionariedade de seus coordenadores.

2.4.1.6 Acordo de Cooperação Técnica entre CVM e PREVIC

O Acordo de Cooperação Técnica firmado entre a CVM e a PREVIC, em 13 de março de 2018, é bastante similar ao Convênio firmado entre o BCB e a PREVIC quanto ao seu objeto, governança e demais disposições.

Contudo, diferentemente de todos os demais Acordos e Convênios que preveem prazo de vigência indeterminado, o Acordo de Cooperação Técnica entre CVM e PREVIC estipula a vigência pelo prazo de 60 meses a contar da publicação do seu extrato no Diário Oficial, ocorrida em 22 de março de 2018, podendo ser prorrogado por acordo entre as autarquias, nos termos da cláusula 11.1. A esse respeito, esclarece-se que, em pesquisa no sítio eletrônico das autarquias, não se obteve êxito na pesquisa para ratificar ter sido prorrogada a vigência do Acordo em questão, tampouco localizou-se novo instrumento firmado pela CVM e PREVIC.

2.4.2 Elaboração normativa conjunta

A partir da pesquisa aos repositórios normativos nos *sites* das autarquias especiais do SFN, é possível constatar que possuem algum grau de elaboração normativa conjunta, a exemplo da Instrução Conjunta SUSEP/PREVIC nº 1, de 14 de novembro de 2014, embora não seja possível assegurar que todo o potencial de normatização conjunta esteja sendo adequadamente explorado por todas as entidades de supervisão do SFN.

2.4.3 Consultas

Quanto às consultas, a premissa é de que as entidades possam compartilhar dados e informações. A esse respeito, há vários fundamentos normativos que preveem o sistema de troca de informações entre as autarquias especiais, principalmente quando se trata da atividade fiscalizatória[17].

A Lei nº 6.385/1976, que dispõe sobre o mercado de capitais e cria a CVM, prevê, nos termos do seu artigo 28 (alterado pela Lei nº 10.303, de 31 de outubro de 2001), a manutenção de troca de informações relativas à fiscalização que exerçam, nas áreas de suas respectivas competências, no mercado de valores mobiliários, entre o BCB, a CVM, a Secretaria de Previdência Complementar (SPC), a Secretaria da Receita Federal (SRF) e a SUSEP, sem que seja possível a alegação do dever de guardar sigilo das informações obtidas a partir da fiscalização como justificativa para impedir o compartilhamento em questão. Percebe-se que a edição da Lei nº 6.385/1976 antecedeu a criação da PREVIC.

A PREVIC foi criada pela Lei nº 12.154, de 23 de dezembro de 2009, que, consoante disposto no artigo 2º, prevê a manutenção do intercâmbio permanente de informações e disponibilidade da base de dados

[17] A título de exemplo, o artigo 28 da Lei nº 6.385/1976, alterado pela Lei nº 10.303/2001, que prevê o sistema de troca de informações com vistas à fiscalização pelo BCB, pela CVM, Secretaria de Previdência Complementar, Secretaria da Receita Federal e pela SUSEP de seus respectivos mercados regulados.

entre a referida autarquia especial, o BCB, a CVM e os órgãos de fiscalização da previdência complementar, com o expresso propósito previsto no §1º do dispositivo de "garantir a supervisão contínua das operações realizadas no âmbito da competência de cada órgão", sem que se possa alegar o dever de sigilo para inviabilizar, nos termos do seu §2º, o "fornecimento de informações, inclusive de forma contínua e sistematizada, pelos entes integrantes do sistema de registro e liquidação financeira de ativos autorizados pelo Banco Central do Brasil ou pela Comissão de Valores Mobiliários, sobre ativos mantidos em conta de depósito em instituição ou entidade autorizada à prestação desse serviço".

O Decreto nº 10.046, de 9 de outubro de 2019, revogou o Decreto nº 8.789, de 29 de junho de 2016, que dispunha sobre o compartilhamento da base de dados na administração pública federal, e passou a disciplinar a governança desse compartilhamento, dentre outras medidas. Nos termos do *caput* do seu artigo 1º:

> Este Decreto estabelece as normas e as diretrizes para o compartilhamento de dados entre os órgãos e as entidades da administração pública federal direta, autárquica e fundacional e os demais Poderes da União, com a finalidade de:
>
> I - simplificar a oferta de serviços públicos;
>
> II - orientar e otimizar a formulação, a implementação, a avaliação e o monitoramento de políticas públicas;
>
> III - possibilitar a análise das condições de acesso e manutenção de benefícios sociais e fiscais;
>
> IV - promover a melhoria da qualidade e da fidedignidade dos dados custodiados pela administração pública federal; e
>
> V - aumentar a qualidade e a eficiência das operações internas da administração pública federal.

Além disso, o artigo 5° do Decreto em comento afastou a necessidade de "celebração de convênio, acordo de cooperação técnica ou instrumentos congêneres para a efetivação do compartilhamento de dados entre os órgãos e as entidades de que trata o art. 1°, observadas as diretrizes do art. 3°[18] e o disposto na Lei n° 13.709, de 2018"[19]. A Lei n° 13.709, de 2018, ficou conhecida por Lei Geral de Proteção de Dados Pessoais (LGPD) e "dispõe sobre o tratamento de dados pessoais, inclusive nos meios digitais, por pessoa natural ou por pessoa jurídica de direito público ou privado, com o objetivo de proteger os direitos fundamentais de liberdade e de privacidade e o livre desenvolvimento da personalidade da pessoa natural", nos termos do seu artigo 1°.

A Lei Complementar n° 105, de 10 de janeiro de 2001, trata do sigilo das operações de instituições financeiras, dentre outras providências, e,

[18] Decreto n° 10.046, de 9 de outubro de 2019. "Art. 3° O compartilhamento de dados pelos órgãos e entidades de que trata o art. 1° observará as seguintes diretrizes: I - a informação do Estado será compartilhada da forma mais ampla possível, observadas as restrições legais, os requisitos de segurança da informação e comunicações e o disposto na Lei n° 13.709, de 14 de agosto de 2018 - Lei Geral de Proteção de Dados Pessoais; II - o compartilhamento de dados sujeitos a sigilo implica a assunção, pelo recebedor de dados, dos deveres de sigilo e auditabilidade impostos ao custodiante dos dados; III - os mecanismos de compartilhamento, interoperabilidade e auditabilidade devem ser desenvolvidos de forma a atender às necessidades de negócio dos órgãos e entidades de que trata o art. 1°, para facilitar a execução de políticas públicas orientadas por dados; IV - os órgãos e entidades de que trata o art. 1° colaborarão para a redução dos custos de acesso a dados no âmbito da administração pública, inclusive, mediante o reaproveitamento de recursos de infraestrutura por múltiplos órgãos e entidades; V - nas hipóteses em que se configure tratamento de dados pessoais, serão observados o direito à preservação da intimidade e da privacidade da pessoa natural, a proteção dos dados e as normas e os procedimentos previstos na legislação; e VI - a coleta, o tratamento e o compartilhamento de dados por cada órgão serão realizados nos termos do disposto no art. 23 da Lei n° 13.709, de 2018."

[19] A esse respeito, "Nesse ponto, embora não seja *sine qua non* a celebração de acordos, convênios ou instrumentos congêneres para o compartilhamento de dados entre órgãos e entidades da Administração Pública, o escopo bastante ampliado desses instrumentos pode prever uma governança que viabiliza o atendimento do objetivo das partes, bem como o respectivo monitoramento, considerando o teor dos Acordos e Convênios mencionados na seção anterior deste artigo. Por esse motivo, apesar da disposição do Decreto pela desnecessidade de acordos ou convênios, na prática, a celebração desses instrumentos é benéfica para o estreitamento das relações entre as partes acordantes." (SILVA, 2022, p. 45)

nos termos do § único do seu artigo 7°, prevê o permanente intercâmbio entre o BCB e a CVM sobre as informações relacionadas aos "resultados das inspeções que realizarem, dos inquéritos que instaurarem e das penalidades que aplicarem, sempre que as informações forem necessárias ao desempenho de suas atividades."

A Lei Complementar nº 109, de 29 de maio de 2001, que trata da previdência complementar, dispõe acerca da permanente troca de informações entre a PREVIC, o BCB, a CVM, e a SRF, e determina a realização da notícia crime ao Ministério Público pela entidade de supervisão que constatar a existência de práticas irregulares ou indícios de crimes em entidades de previdência complementar, com consequente envio de elementos comprobatórios ao *Parquet*, em face do qual tampouco poderá ser oposto o dever de sigilo, nos termos do seu artigo 64.

Os marcos normativos acima mencionados fornecem fundamentos para o intercâmbio de informações entre as autarquias especiais do SFN, sem que o dever de sigilo possa ser utilizado como obstáculo para o compartilhamento dos dados. Por esse motivo, é possível a realização de consultas entre as entidades.

Nesse sentido, o Convênio celebrado entre o BCB e a CVM, datado de 5 de abril de 2014, traz, em seus itens 3.1 e 3.2[20], a necessidade de

[20] Convênio celebrado entre BCB e CVM:

"3.1 O BCB solicitará prévia manifestação da CVM a respeito de normas a serem por ele baixadas ou propostas ao Conselho Monetário Nacional que possam vir a ter reflexos no mercado de valores mobiliários ou na atuação dos participantes de tal mercado, entre os quais estão as instituições do sistema de distribuição de valores mobiliários e os participantes especificamente mencionados no item 3.2, observada a seguinte orientação geral:

a CVM encaminhará ao BCB sua manifestação no prazo de quinze dias úteis contados do recebimento da minuta do normativo a ser editado; e

o prazo de que trata a alínea "a", destinado ao exame da minuta de normativo a ser editado, poderá ser prorrogado até quinze dias úteis, mediante comunicação da CVM dirigida ao BCB, na qual conste a justificativa para a prorrogação.

3.2 A CVM solicitará manifestação prévia do BCB a respeito de normas a serem por ela editadas, aplicáveis aos mercados de derivativos, às bolsas de valores, às bolsas de mercadorias e de futuros, aos mercado de balcão organizado, às entidades de compensação e de liquidação de operações com valores mobiliários, às entidades que exerçam a atividade de depositária central dos valores mobiliários, às entidades que consulta prévia diante de situações concretas que envolverem assuntos afins às autarquias especiais.

2.4.4 COREMEC

O Comitê de Regulação e Fiscalização dos Mercados Financeiro, de Capitais, de Seguros, de Previdência e Capitalização - COREMEC é mecanismo de coordenação regulatória que funciona como instância de articulação ou coordenação, no nível estratégico, entre as autarquias da instância supervisora do SFN.

O COREMEC[21], de caráter consultivo, foi originado pelo Decreto nº 5.685, de 25 de janeiro de 2006 e extinto pelo Decreto nº 10.087, de 05 de novembro de 2019; porém, recriado pelo Decreto nº 10.465, de 18 de agosto de 2020, no âmbito do então Ministério da Economia (atualmente, Ministério da Fazenda), composto por representantes do BCB, da CVM, da SUSEP, e pela PREVIC (em substituição à SPC), com finalidade de promoção da coordenação e o aprimoramento da atuação das entidades reguladoras e de supervisão no âmbito do SFN, nos termos do artigo 1º do Anexo à Resolução COREMEC nº 1, de 9 de dezembro de 2020, que aprovou o Regimento Interno do Comitê.

exerçam a atividade de registro de valores mobiliários e aos fundos de investimento financeiro, aos fundos de aplicação em quota de fundo de investimento e aos fundos de investimento no exterior, que possam vir a ter reflexos na condução das políticas monetária, cambial e creditícia ou na atuação das instituições financeiras e demais instituições autorizadas a funcionar pelo BCB, bem como no fluxo de recursos entre residentes e não residentes, observada a seguinte orientação:

o BCB encaminhará à CVM sua manifestação no prazo de quinze dias úteis contados do recebimento da minuta do normativo a ser editado; e

o prazo de que trata a alínea "a", destinado ao exame da minuta de normativo a ser editado, poderá ser prorrogado até quinze dias úteis, mediante comunicação do BCB dirigida à CVM, na qual conste a justificativa para a prorrogação."

21 O COREMEC foi originariamente instituído pelo Decreto nº 5.685, de 25 de janeiro de 2006, e composto por representantes do BCB, da Secretaria de Previdência Complementar (SPC), da CVM e da SUSEP, de caráter consultivo, cuja finalidade, nos termos do artigo 1º, era promover a coordenação e o aprimoramento da atuação das entidades da administração pública federal que regulam e fiscalizam as atividades relacionadas à captação pública da poupança popular. Após, foi extinto pelo Decreto nº 10.087, de 5 de novembro de 2019.

Quanto à governança do COREMEC, destacamos: (i) a Presidência e a Vice-Presidência serão exercidas, a cada período de um ano, por uma das entidades representadas no Comitê, em regime de rodízio; (ii) a Secretaria-Executiva é exercida pelo BCB; (iii) a periodicidade semestral das reuniões ordinárias e, em caráter extraordinário, a qualquer tempo, mediante convocação de seu Presidente ou da maioria de seus membros; (iv) o Colegiado delibera e aprova pelo quórum de maioria simples, desde que presente o equivalente à maioria absoluta dos membros.

Consoante se depreende, o nível de supervisão do SFN é composto por BCB, CVM, PREVIC e SUSEP, ou seja, é descentralizado no contexto da Administração Pública, havendo a necessidade de adequada coordenação regulatória para viabilizar o desempenho mais eficiente das atividades por cada autarquia, a efetividade do sistema, além de possibilitar a prestação de contas pelos agentes públicos. Cada autarquia especial é parte na configuração institucional do SFN, havendo objetivos específicos e comuns, dentre os quais a manutenção da higidez e da estabilidade do SFN. Os mecanismos formais de coordenação regulatória que foram mencionados nesta seção são instrumentos já institucionalizados pelo SFN, isto é, pode-se dizer que há o reconhecimento da importância do aprimoramento da atuação coordenada pelas entidades do sistema. Na seção seguinte, pretende-se analisar se esses instrumentos como e se estão sendo de fato e adequadamente utilizados com o intuito do aprimoramento institucional do SFN.

3

ANÁLISE DOS MECANISMOS FORMAIS DE COORDENAÇÃO DO SFN

> Toda e qualquer organização pública deve existir somente em decorrência da necessidade dos seus serviços ou das políticas públicas que implementa. Estruturas de Estado dissociadas dessa realidade, pesadas, caras, lentas e burocráticas não coadunam com os objetivos a que se propõem, nem com os resultados que delas se esperam. (TCU, 2020, p. 14)

O aprimoramento da coordenação e da articulação é fundamental para se alcançar o objetivo de maior eficiência, efetividade e *accountability* no âmbito da Administração Pública Federal no que tange à concretização da política pública, superando, dessa forma, o modelo burocrático-weberiano descrito na epígrafe dessa seção.

A propósito, por política pública, considera-se o conceito utilizado pelo TCU em seu Referencial de Controle de Políticas Públicas, cuja abordagem estadocêntrica ou estatista considera "o conjunto de intervenções e diretrizes emanadas de atores governamentais, que visam tratar, ou não, problemas públicos e que requerem, utilizam ou afetam recursos públicos", que são formuladas, no nível federal, principalmente por órgãos e ministérios com colaboração de agências reguladoras e demais entidades da Administração Pública Federal (2014, p. 13-14).

Nesse ínterim, ressalta-se que as agências reguladoras e autarquias especiais cooperam na formulação da política pública, bem como na sua implementação e avaliação. Pode-se dizer que, a esses entes da Administração Pública, por meio de seus mandatos legais, são atribuídos poderes e conferidas atribuições que visam à concretização da política pública de seu setor de atuação.

Como observado anteriormente, as desvantagens do modelo de organização da Administração caracterizado pela atuação encastelada das agências reguladoras, incluindo o risco sistêmico, podem ser mitigadas ou evitadas por meio da implantação de medidas de coordenação regulatória que aprimoram o funcionamento dessa configuração descentralizada.

A partir, portanto, do referencial teórico já abordado nas seções precedentes e inspirada nos modelos desenvolvidos pelo TCU no Referencial de Controle de Políticas Públicas, no Referencial para Avaliação de Governança Multinível em Políticas Públicas Descentralizadas, no Referencial para Avaliação de Governança em Políticas Públicas, e no Referencial Básico de Governança Organizacional, pretende-se analisar a coordenação regulatória no nível de supervisão do SFN, consideradas as ressalvas já mencionadas acerca da natureza de autarquias especiais dessas entidades que possuem mandatos legais específicos que, em comum, atribuem-lhe poderes e atribuições para as respectivas atuações, o que inclui a regulamentação de assuntos em seus setores que compõem o sistema.

Em outras palavras, o objetivo desse estudo empírico é compreender se e como cada autarquia especial do SFN utiliza os mecanismos formais de coordenação regulatória, identificar os procedimentos previstos no âmbito de cada entidade para acompanhar a utilização desses mecanismos, a fim de verificar, dentre outros, se são objeto de avaliação para aperfeiçoamento contínuo, e propor aprimoramentos considerando possíveis medidas a serem adotadas para aprimorar o uso dessas ferramentas.

No Referencial para Avaliação de Governança em Políticas Públicas, elaborado a partir do modelo metodológico de governança desenvolvido com base na abordagem de Peters, entendeu-se inicialmente que a boa governança pública é fundada sobre os seguintes pilares (2014, p. 12-13):

> a) Definição de objetivos coletivos, eleitos de forma legítima por uma sociedade;
>
> b) Coerência entre as políticas públicas e existência de coordenação entre diferentes atores para sua realização;
>
> c) Condições para implementação das políticas públicas, contemplando a capacidade da burocracia estatal e os arranjos institucionais que propiciem a atuação conjunta com entes não governamentais;
>
> d) Monitoramento e avaliação, que assegurem aprendizado e aperfeiçoamento contínuos, e também criem condições para que haja *accountability*, envolvendo as dimensões de transparência da ação pública e responsabilização perante a sociedade.

Ato contínuo, considerando a robusta análise realizada dos elementos-chave da boa governança pública a partir de referências nacionais e estrangeiras[1], foram agregados novos componentes ao que deve ser

[1] Dentre essas referências nacionais e estrangeiras, "destacam-se os seguintes documentos: a) Characteristics of good governance for drug policy: findings from an expert consultation. UK Drug Policy Commission (UKDPC), 2010; b) The Coordination of Austra lian Illicit Drug Policy: A Governance Perspective. DPMP Monograph Series. Sydney: National Drug and Alcohol Research Centre, 2010; c) Modern Policy-Making: Ensuring Policies Deliver Value for Money. National Audit Office (NAO), 2001; d) A Practical Guide to Policy Making in Northern Ireland. Office of the First Minister and Deputy First Minister. Economic Policy Unit, (2003); e) Framework for assessing governance of

considerada boa governança pública, a saber: "a) Institucionalização; b) Planos e Objetivos; c) Participação; d) Capacidade Organizacional e Recursos; e) Coordenação e Coerência; f) Monitoramento e Avaliação; g) Gestão de Riscos e Controle Interno; e h) *Accountability*" (TCU, 2014, p. 14). Todos esses elementos embasam o modelo de avaliação de governança em políticas públicas desenvolvido pelo TCU.

Em comum, constata-se que a coordenação e a coerência são elementos presentes desde a compreensão mais basilar acerca da boa governança pública. Essa coordenação pode-se dar horizontalmente entre atores estatais do mesmo nível hierárquico ou de forma vertical, chamada multinível, que consiste na coordenação entre atores de diferentes governos e níveis de hierarquia[2].

Governança pública, por sua vez, possui diversos conceitos desenvolvidos pela literatura, podendo ser compreendida como a capacidade estatal de implementar políticas públicas aliada ao "aperfeiçoamento da interação entre atores diversos, de forma a articular seus interesses e garantir a transparência e a *accountability* da atuação governamental" (Diniz *apud* TCU, 2014, p. 27)[3].

the health system in developing countries: Gateway to good governance. Health Policy Journal, 2009; f) Integrated Governance and Healthy Public Policy: Two Canadian Examples. National Collaborating Centre for Healthy Public Policy (NCCHPP), 2008; g) Redes e Governança das Políticas Públicas. Centro de Estudos Avançados de Governo e de Administração Pública (CEAG), 2013." (TCU, 2014, p. 13)

2 "Considerando a complexidade em que as políticas públicas estão inseridas, especialmente no tocante aos múltiplos atores que participam ou possuem interesse nela, é importante que exista uma boa coordenação dessas políticas. A coordenação deve existir horizontalmente, englobando atores da mesma esfera de governo e nível hierárquico, e também verticalmente, com atores de outras esferas de governo e de diferentes níveis hierárquicos na Administração Pública (MARTINS, 2003). A coordenação vertical está diretamente relacionada à governança em multiníveis, que é abordada na próxima sessão." (TCU, 2014, p. 30).

3 Há também o conceito desenvolvido por Azevedo e Anastasia (2002), abordado pelo TCU, que entende a governança pública a partir da junção de dois elementos, a saber: "capacidade operacional da burocracia governamental, seja nas atividades de atuação direta, seja naquelas relacionadas à regulação das políticas públicas"; e "criação de canais institucionalizados, legítimos e eficientes de mobilização e envolvimento da comunidade na elaboração e implementação de políticas". (Azevedo e Anastasia *apud* TCU, 2014, p. 28)

A aplicação do modelo desenvolvido pelo TCU, composto pelos oito elementos acima mencionados, deve considerar as limitações relacionadas às políticas públicas, cuja formulação, implementação e avaliação nem sempre seguem, de forma articulada, a ordem sequencial e lógica das macroetapas previstas em seu ciclo completo, o que requer certa flexibilidade quando se trata de avaliar a implementação dessas políticas públicas (TCU, 2014, p. 21; 24-25)[4].

O objetivo da análise empírica, entretanto, é avaliar a coordenação regulatória no âmbito do SFN, utilizando o modelo desenvolvido pelo TCU como inspiração e do qual são consideradas as referências relacionadas somente ao pilar da coordenação e coerência. Especificamente, quanto à coordenação e à coerência, o TCU entende como sendo valores importantes para a governança, pois, "ao trabalharem em conjunto, organizações públicas podem melhorar e sustentar abordagens colaborativas para atingir as metas estabelecidas" (TCU, 2014, p. 55-56).

Pode-se dizer que o TCU atrela a sua importância ao desempenho do funcionamento do aparato estatal e à qualidade dos serviços públicos ofertados, dentre outros benefícios obtidos quando as entidades ou órgãos cooperam[5]. Nesse sentido, as entidades contribuem

4 A esse respeito, "No caso de políticas públicas fragmentadas ou com fases de desenvolvimento não consonantes com o desenvolvimento sequencial descrito anteriormente, do mesmo modo como ocorre com aquelas com níveis incipientes de institucionalização, não há inviabilização quanto à aplicação de instrumentos de avaliação externa destinadas a verificar e explicitar os meios e as condições de governança existentes. Quando se trata de avaliação da governança em políticas públicas a tendência é que, em grande parte dos casos, os instrumentos de avaliação e sua aplicação tenham que ter flexibilidade suficiente para abarcar diferentes estágios ou fases de políticas públicas em desenvolvimento. Isso pressupõe, em primeiro lugar, considerar a política pública a partir de macro perspectivas e, a partir disso, ter sensibilidade analítica para identificar lacunas ou dissonâncias entre inciativas, técnicas e instrumentos de gestão utilizados pelos diferentes atores que compõem o arranjo de governança da política pública." (TCU, 2014, p. 24-25)

5 Sobre a importância da atuação coordenada e sinérgica: "As políticas públicas devem ser integradas, tanto interna quanto externamente, de forma que as ações e os objetivos específicos das intervenções empreendidas pelas diversas partes interessadas sejam alinhados para se reforçar mutuamente. Espera-se a institucionalização e reforço dos mecanismos de coordenação, de forma a criar condições para a atuação conjunta e

mutuamente para o cumprimento dos propósitos que justificaram a criação dos entes e órgãos da Administração Pública que formam a rede de cooperação, além de evitarem ou mitigarem, dessa forma, as disfuncionalidades inerentes ao compartilhamento de competências, atribuições ou responsabilidades.

Para tanto, o TCU ressalta a necessidade da definição de papeis e responsabilidades e o estabelecimento de processos de coordenação para aprimorar a implementação das políticas públicas, bem como superar as disfuncionalidades causadas pelo compartilhamento das atribuições pela sobreposição, duplicação ou fragmentariedade (TCU, 2014, p. 55-56). Pela pertinência, segue breve descrição do impacto da descoordenação e do insumo necessário para viabilizar a articulação:

> Falar que uma política pública é descoordenada, interna e externamente, significa que seus elementos são de alguma forma incongruentes, que eles não interagem de maneira adequada para produzir os resultados desejados, e/ou que as conexões entre eles criam fricção e conflito excessivos (BRINKERHOFF, 1996 apud MARTINS, 2003). A coerência nas políticas envolve a promoção sistemática de ações que se reforcem mutuamente nas diferentes partes interessadas, criando sinergias para a realização dos objetivos definidos.
>
> Além disso, uma política pública deve primar pela comunicação em todos os seus aspectos. A existência e o incentivo a interações coordenadas entre os atores e o intercâmbio de informações entre atores governamentais e da sociedade são aspectos importantes a serem observados. Para garantir a coordenação e cooperação entre os atores com vistas a assegurar

sinérgica, evitando assim superposições ou esforços mutuamente contraproducentes. Deve-se garantir a construção de relações institucionais e articulação entre as esferas de governo, em todas as fases do ciclo das políticas públicas (ABRUCIO, 2005). A presença de boa governança implica: o aperfeiçoamento da interação entre atores diversos, de forma a articular seus interesses; a integração entre Estado e sociedade, minimizando os limites do isolamento burocrático; e a garantia de accountability (DINIZ, 2001)" (TCU, 2014, p. 57).

a implementação dos objetivos, a informação é essencial para a comunicação, que deve ser transparente, acessível em tempo real para todos, de modo a aumentar a confiança no governo (KETTL, 2002 apud Nota Técnica Seaud 2/2013b). (TCU, 2014, p. 57-58)

Considerando as diretrizes acima, foram formalizadas consultas ao BCB, à CVM, à SUSEP e à PREVIC por meio da Plataforma Integrada de Ouvidoria e Acesso à Informação (Fala.BR) da Controladoria-Geral da União (CGU), que permite a realização de solicitações de acesso à informação, tendo a possibilidade de direcioná-las a qualquer entidade ou órgão público da esfera do Poder Executivo Federal.

As solicitações realizadas por meio do Fala.Br tiveram como fundamento a Lei nº 12.527, de 18 de novembro de 2011, conhecida por Lei de Acesso à Informação (LAI), e deveriam ser respondidas em prazo não superior a 20 (vinte) dias, prorrogável por mais 10 (dez) dias, mediante justificativa expressa, nos termos dos §§1º e 2º do 11 da LAI.

Considerando as referências mencionadas, foram preparados questionários sobre os três mecanismos comuns de coordenação regulatória (acordos, consultas e normatização conjunta), bem como sobre o COREMEC. O objetivo geral perseguido pela pesquisa empírica é a obtenção de insumos mínimos para averiguar o nível da atuação coordenada, articulada, sinérgica da rede composta pelas autarquias especiais do SFN. O objetivo específico consiste na aferição do desdobramento dos compromissos firmados pelas autarquias especiais nos instrumentos (acordos, convênios, e/ou termos de cooperação), a fim de averiguar em que grau as autarquias especiais operacionalizam e, por conseguinte, cumprem esses acordos, ou seja, se há efetiva utilização dos mecanismos de coordenação regulatória.

Nesse ponto, cabe esclarecer que não há previsão legal que imponha o modo como deve-se dar a permanente troca de informações e disponibilização das bases de dados das autarquias especiais. As previsões normativas que embasam e permitem essas trocas informacionais conferem aos agentes públicos a segurança jurídica de que podem fazê-lo. Por sua vez, os acordos firmados preveem a governança e a forma de operacionalização dessas trocas. Esses acordos, por si só, são mecanismos de coordenação em que os envolvidos se obrigam à realização de procedimentos e condutas que, ao final, objetivam o aprimoramento da eficiência de suas atuações. Esses acordos, além disso, preveem procedimentos que viabilizam a implantação institucional de outros mecanismos de coordenação, como a consulta e a normatização conjunta.

A esse respeito, embora o pilar da institucionalização[6] não seja foco desse trabalho, é inegável a interseccionalidade em relação ao elemento da coordenação e da coerência tal como abordados nessa dissertação que enfoca os mecanismos formais de coordenação regulatória. Segundo o TCU, institucionalização da política pública guarda relação com legitimidade[7] e capacidade organizacional (TCU, 2014, p. 43). De igual modo, pode-se entender que a institucionalização dos mecanismos formais de coordenação regulatória confere legitimidade às ações relacionadas a sua implementação, bem como se espera que haja mobilização e recursos suficientes que confiram capacidade organizacional para viabilizar o pleno funcionamento dessas ferramentas de coordenação.

De forma esquemática, seguem os questionamentos formulados e, a partir das respostas, o que se pretende analisar:

6 Sobre institucionalização: "Institucionalização de uma política pública se refere a aspectos, formais ou informais, da existência da política, relacionados a capacidades organizacionais, normatização, padrões, procedimentos, competências e recursos que possibilitam o alcance dos objetivos e resultados da política pública. Espera-se que uma política pública esteja jurídica e oficialmente formalizada, com o estabelecimento de normas, padrões e procedimentos que definam claramente as arenas decisórias, a divisão de competências e as atribuições dos atores envolvidos. A inexistência de políticas públicas formais fragiliza, por exemplo, a constituição de arcabouços legais para a sua sustentação e a definição segura das fontes de recursos a serem alocados (PROCOPIUCK, 2013)." (TCU, 2014, p. 43)

7 Na nota de rodapé nº 10, o TCU explicita o conceito que considera para fins de legitimidade ao tratar da institucionalização da política pública, segundo o qual: "Legitimidade é uma percepção generalizada ou suposição de que as ações são desejadas, próprias ou apropriadas dentro de algum sistema de normas, valores, crenças e definições socialmente construída (SUCHMAN, 1995 apud FREITAS, 2005)." (TCU, 2014, p. 43)

QUADRO 4 - acordos/convênios

Acordos/convênios	
Questões 1, 2 e 3	1. Verificamos a celebração de convênios entre a XXX[8] e demais autarquias especiais antes da edição do Decreto nº 10.046, de 9 de outubro de 2019, que, nos termos do seu artigo 5º, dispensou a necessidade de "celebração de convênio, acordo de cooperação técnica ou instrumentos congêneres para a efetivação do compartilhamento de dados entre os órgãos e as entidades" da administração pública federal direta, autárquica e fundacional e os demais Poderes da União, desde que observadas as diretrizes definidas nessa norma e o disposto na Lei nº 13.709, 14 de agosto de 2018, conhecida por Lei Geral de Proteção de Dados. Subitens relacionados à ratificação das vigências dos acordos/convênios celebrados[9]. 2. Existem parâmetros (ou métricas) definidos para acompanhamento da execução dos acordos/convênios de cooperação/colaboração firmados entre a XXX e demais autarquias especiais? Quais são esses parâmetros ou métricas? 3. Em quais prazos os acordos/convênios de cooperação/colaboração firmados entre a XXX e demais autarquias especiais são reavaliados no âmbito da XXX?
O que a análise vai permitir dizer	(a) Diante da necessidade de validação de informações pelas próprias entidades com o intuito de avaliar a sua atualidade e confiabilidade, a consulta formulada às autarquias especiais possui questionamentos confirmatórios específicos sobre os acordos e convênios celebrados. Pretende-se verificar se todos os instrumentos firmados entre as autarquias especiais estão vigentes, bem como a obtenção do instrumento não localizado na Internet. (b) Em todos os acordos, há previsão da constituição de Comissão com composição paritária de representantes indicados por cada parte acordante, sendo que, em alguns dos acordos firmados, há previsão que atribui à Comissão a incumbência de avaliar o desempenho da operacionalização dos compromissos assumidos. Pretende-se verificar se há parâmetros ou métricas definidos por cada autarquia que permitam o acompanhamento da execução esses acordos ou convênios e consequentes avaliações.

8 Considerando que cada consulta foi endereçada a uma autarquia especial do SFN, utilizamos "XXX" ao invés do nome de cada autarquia especial.

9 Em cada questionário, os subitens da questão nº 1 tinham por objetivo confirmar as vigências de cada acordo bilateral celebrado pela autarquia especial. Para o objetivo dessa seção, não é o caso de replicar esses subitens.

Acordos/convênios	
O que a análise vai permitir dizer	(c) Diante da possibilidade de terem sido desdobrados os compromissos assumidos pelas autarquias especiais que visam à operacionalização da troca de informações e demais mecanismos previstos, objetiva-se verificar se a regularidade dessa análise atende à periodicidade prevista nos acordos, considerando aqueles em que cabe à Comissão a atribuição de avaliação do desempenho da operacionalização do acordo.

QUADRO 5 - Consultas

Consultas	
Questão 4	4. Quanto à consulta, mecanismo de coordenação regulatória, no âmbito da instância supervisora da XXX, quais são os procedimentos e em que situações eventualmente são realizadas? Nesse caso, refiro-me às consultas realizadas às congêneres da XXX.
O que a análise vai permitir dizer	(a) A análise permitirá dizer se está sendo formal e efetivamente utilizado o mecanismo de consulta previsto nos acordos, de modo a viabilizar as trocas informacionais entre as autarquias especiais.

QUADRO 6 - Normatização Conjunta

Normatização Conjunta	
Questão 5	5. Quanto à normatização conjunta e naquilo que compete à instância de supervisão, as atribuições da XXX que guardem relação com as atribuições de outras autarquias especiais já foram mapeadas com o objetivo de edição de regras conjuntas? 5.1. Na hipótese de já terem sido mapeados os assuntos para normatização conjunta, solicitamos informações quanto aos critérios utilizados para identificação do potencial de normatização conjunta entre autarquias especiais. 5.2. Na hipótese de já terem sido mapeados os assuntos afins para normatização conjunta, qual a periodicidade para reavaliação dos objetivos e da execução da agenda conjunta de normatização entre XXX e demais autarquias? 5.3. As prioridades e o planejamento da normatização conjunta encontram-se disponíveis para o público em geral? Onde é possível obtê-las?

Normatização Conjunta	
O que a análise vai permitir dizer	(a) Quanto ao terceiro mecanismo de coordenação regulatória, espera-se que as autarquias enderecem respostas aos questionamentos relacionados (i) às atividades como mapeamento de assuntos afins; (ii) aos critérios utilizados para identificação do potencial da normatização conjunta; (iii) à periodicidade de reavaliação dos objetivos e da execução da agenda conjunta de normatização entre autarquias do SFN; (iv) à disponibilização das informações relacionadas às prioridades para normatização, (v) ao seu planejamento e (vi) onde é possível obtê-las. O insumo obtido permite a análise que vai dizer se todo o potencial relativo à normatização conjunta está sendo considerado, uma vez que, ao ser explorada, a sinergia para normatização conjunta entre as autarquias contribui para maior eficiência, efetividade e prestação de contas das suas atuações que perpassam pela concretização da política pública, além de evitar ou mitigar disfuncionalidades do SFN. (b) Além disso, o insumo vai permitir dizer se os acordos que preveem procedimentos para normatização conjunta estão sendo cumpridos nesse ponto.

QUADRO 7 - COREMEC

COREMEC	
Questão 6	Questão 6 endereçada à CVM, PREVIC e SUSEP: 6. Quanto ao COREMEC, as reuniões ordinárias têm ocorrido com a periodicidade semestral? Questões 6, 7, 8, 9, 10 e 11 endereçadas ao BCB: 6. Quanto ao COREMEC, as reuniões ordinárias têm ocorrido com a periodicidade semestral desde a sua recriação pelo Decreto nº 10.465/2020? 7. Onde podem ser acessadas a agenda e a pauta das reuniões? 8. O conhecimento acerca de qual autarquia especial exerce a presidência anual do COREMEC é objeto de divulgação ao público? Onde essa informação pode ser acessada? 9. As prioridades do COREMEC para cada mandato são públicas? No caso de resposta afirmativa, onde podem ser encontradas? 10. Desde a sua recriação pelo Decreto nº 10.465/2020, quais atos normativos foram editados além da Resolução COREMEC nº 01/2020 e onde podem ser acessados? 11. O COREMEC emite pronunciamentos conjuntos ou recomendações conjuntas? Se houver, esses documentos são públicos? Onde podem ser acessados?

COREMEC	
O que a análise vai permitir dizer	(a) Quanto ao COREMEC, é essencial à análise o conhecimento sobre a realização das reuniões. A análise do insumo vai permitir dizer se o COREMEC está em funcionamento, bem como se a previsão do *caput* do artigo 11 do Regimento Interno do Comitê de Regulação e Fiscalização dos Mercados Financeiro, de Capitais, de Seguros, de Previdência e Capitalização (COREMEC) está sendo cumprido, ou seja, se estão sendo realizadas as reuniões ordinárias de periodicidade regimental semestral. (b) Especificamente quanto ao BCB, na qualidade de Secretaria-Executiva do COREMEC, foram endereçados questionamentos específicos, considerando o seu papel na governança do fórum, relacionados ao seu funcionamento, grau de divulgação de suas informações e de suas atividades. A análise vai permitir obter mais informações sobre a dinâmica de funcionamento do COREMEC. (c) A análise dos insumos vai permitir avaliar o nível de transparência a respeito do funcionamento do COREMEC e se há possibilidade de prestação de contas por parte dos seus membros.

QUADRO 8 - Parâmetros para a análise conjunta de todas as respostas recebidas

Insumo	Todas as respostas recebidas.
O que a análise vai permitir dizer	(a) A análise de todos os insumos recebidos, de forma agregada, permite dizer se o SFN funciona de forma coordenada, a partir da uniformidade, coerência e articulação das respostas, considerando toda a sua potencialidade, os mecanismos de coordenação pesquisados e os seus funcionamentos.

3.1 Coordenação regulatória e SFN: análise dos insumos obtidos

Considerando o prazo de 20 dias previsto no §1º do artigo 11 da Lei nº 12.527, de 18 de novembro de 2011, a CVM, a SUSEP e a PREVIC endereçaram tempestivamente as suas respostas por meio da Plataforma Fala.br. O BCB, por sua vez, endereçou as suas respostas tempestivamente, mas utilizou-se da prorrogação prevista no §2º do artigo 11 da mesma Lei. Todas as consultas e respostas recebidas estão disponíveis, como anexos, na seção 7.

3.1.1 Sobre os acordos ou convênios bilaterais

Inicialmente, é importante dizer que todos os acordos ou convênios bilaterais puderam ser obtidos nos sítios eletrônicos das partes nesses instrumentos ao tempo da pesquisa realizada, à exceção do Termo de Cooperação Técnica celebrado entre a SUSEP e a PREVIC. Por isso, endereçamos pedidos de disponibilização desse documento à SUSEP e à PREVIC, que anexaram o Termo de Cooperação Técnica em suas respostas.

Os instrumentos bilaterais foram celebrados nas seguintes datas:

QUADRO 9 - Acordos ou convênios celebrados e respectivas datas de celebração

Partes:	Data de celebração:
CVM e PREVIC	13 de março de 2018
BCB e PREVIC	16 de fevereiro de 2016
BCB e CVM	25 de abril de 2014
PREVIC e SUSEP	19 de dezembro de 2012
CVM e SUSEP	04 de abril de 2006
BCB e SUSEP	14 de julho de 2005

Fonte: elaborada pela Autora a partir dos documentos obtidos

Quanto à vigência, todas as autarquias consultadas confirmaram que os acordos, convênios e termo de cooperação técnica encontravam-se vigentes ao tempo da realização das consultas. A propósito, os instrumentos firmados entre BCB e CVM, nos termos da cláusula 7.1; CVM e SUSEP, nos termos da cláusula décima terceira; BCB e PREVIC, nos termos da cláusula 11.1; BCB e SUSEP, nos termos da cláusula décima segunda; PREVIC e SUSEP, nos termos da cláusula 10, possuem prazo de vigência indeterminado. O instrumento firmado entre CVM e PREVIC, por sua vez, possui prazo de vigência de 60 meses, a contar da publicação no Diário Oficial ocorrida em 22 de março de 2018, podendo ser prorrogado ou alterado por Termo Aditivo, a critério das partes acordantes, conforme disposto na cláusula décima primeira. Ocorre, contudo, que não se logrou êxito na verificação da prorrogação do referido Acordo em pesquisa realizada nos sítios eletrônicos das autarquias CVM e PREVIC.

Após a ratificação da vigência dos acordos ou convênio, foi endereçada pergunta sobre os parâmetros (ou métricas) definidos para acompanhamento da execução dos acordos/convênios de cooperação/colaboração firmados ao BCB, à CVM, à SUSEP e à PREVIC, que responderam no seguinte sentido:

QUADRO 10 - Respostas à pergunta nº 2

Respondente:	Conteúdo da resposta:
CVM	Sobre os parâmetros e métricas para acompanhar os referidos instrumentos, destacamos que usualmente é feito por meio da avaliação de cumprimento dos Planos de Trabalho estabelecidos nesses acordos e que, em regra, constam como anexos desses instrumentos. Essa prática, entretanto, é mais recente e não será vista em convênios mais antigos (como o com a Susep de 2006).
SUSEP	Informamos que, atualmente, não há parâmetros definidos para acompanhamento da execução dos acordos/convênios de cooperação/colaboração firmados com as demais autarquias especiais.
PREVIC	Os acordos são acompanhados por um plano de trabalho que define a periodicidade de reuniões, a criação de grupos de trabalho conjunto e os projetos a serem desenvolvidos.
BCB	Não existem parâmetros, mas há coordenação intensa entre as instituições para que a troca de informações seja tempestiva.

Fonte: Elaborado pela Autora a partir das respostas recebidas

Em seguida, as autarquias especiais foram questionadas quanto aos prazos para que os acordos/convênios de cooperação/colaboração firmados fossem reavaliados, pelo que em resposta recebemos as seguintes informações:

QUADRO 11 - Respostas à pergunta nº 3

Respondente:	Conteúdo da resposta:
CVM	A reavaliação desses instrumentos é realizada dentro dos prazos de validade estabelecidos em cada documento.
SUSEP	Informamos que, atualmente, não há uma periodicidade definida para a reavaliação dos acordos/convênios de cooperação/colaboração firmados entre a SUSEP e demais autarquias especiais. Salientamos que a revisão dos referidos acordos pode ocorrer a qualquer tempo, por solicitação das áreas técnicas diretamente impactadas, ou visando ao intercâmbio de informações de interesse corporativo da Susep.
PREVIC	Os supervisores do SFN mantêm comunicação permanente entre si e os acordos/convênios são atualizados conforme a necessidade.
BCB	Não há prazo definido para a reavaliação por parte do BCB.

Fonte: Elaborado pela Autora a partir das respostas recebidas

3.1.1.1 Análise da implementação dos acordos ou convênios

Ao tempo da consulta às autarquias, todos os acordos, convênios e acordo de cooperação técnica (em conjunto, instrumentos) estavam válidos e vigentes, o que significa que se encontravam presentes as condições necessárias para que surtissem os efeitos esperados entre as partes.

Em resposta à questão nº 2, o BCB e a SUSEP responderam que não existem parâmetros ou métricas definidos para acompanhamento da execução dos acordos/convênios de cooperação/colaboração. Apesar disso, o BCB, especificamente, informou haver "coordenação intensa entre as instituições para que a troca de informações seja tempestiva".

Em resposta à questão nº 2, a CVM informou haver a prática de "avaliação de cumprimento dos Planos de Trabalho estabelecidos nesses acordos e que, em regra, constam como anexos desses instrumentos". Segundo a CVM, trata-se de prática instituída mais recentemente e, por isso, não abrange o convênio firmado com a SUSEP, datado de 2006. Em sentido contrário, pode-se concluir que existe avaliação dos planos de trabalho estabelecidos nos demais instrumentos firmados mais recentemente pela CVM com o BCB, em 2014, e a PREVIC, em 2018, apesar de a CVM não ter se manifestado inequivocamente nesse sentido e tampouco tenha respondido expressamente quais seriam esses parâmetros ou métricas, o que também foi objeto de questionamento.

A partir da leitura da resposta da PREVIC à questão nº 2, no sentido de que "os acordos são acompanhados por um plano de trabalho que define a periodicidade de reuniões, a criação de grupos de trabalho conjunto e os projetos a serem desenvolvidos", é possível entender que há parâmetros e métricas definidos, apesar de não se poder dizer que inequivocamente existam esses parâmetros e métricas a partir da resposta da referida autarquia especial. A PREVIC, tal como a CVM, não respondeu quais seriam esses parâmetros ou métricas, o que também foi objeto de questionamento.

A CVM e a PREVIC mencionaram o Plano de Trabalho, mas não evidenciaram esses documentos, porém isso não foi objeto de solicitação expressa na Consulta formulada pelo Fala.Br.

Considerando que o BCB e a SUSEP expressamente responderam que não há parâmetros ou métricas definidos para acompanhamento da execução dos acordos/convênios de cooperação/colaboração firmados com as demais autarquias especiais, é possível concluir como decorrência lógica das respostas convergentes que não estejam sendo realizados o acompanhamento da execução e a consequente avaliação da operacionalização do convênio pela Comissão paritária prevista na parte final da sua cláusula nona, abaixo transcrita:

> CLÁUSULA NONA – Os integrantes da comissão deverão reunir-se, ordinariamente, pelo menos uma vez a cada semestre, a fim de avaliar o desempenho da operacionalização instituída no âmbito desse convênio.

Da mesma forma, é possível concluir que o BCB e a SUSEP não possuem parâmetros ou métricas que permitam avaliar as execuções dos demais instrumentos que tenham firmado com as congêneres, a saber: BCB e CVM; BCB e PREVIC; SUSEP e CVM; e SUSEP e PREVIC.

Os convênios firmados entre o BCB e a CVM; e entre o BCB e a PREVIC não possuem disposição correlata que preveja a avaliação periódica da operacionalização dos convênios firmados, o que não significa que não possam ser avaliados pelos acordantes, a seu critério. O fato, contudo, de o BCB não possuir parâmetros ou métricas que permitam o acompanhamento da execução do convênio sinaliza que essa avaliação não é realizada pelo BCB.

Em contrapartida, se a avaliação puder ser feita de modo individualizada por um dos convenentes, considerando as respostas da CVM e da PREVIC, há Planos de Trabalho, relacionados a esses convênios, que preveem parâmetros ou métricas, apesar de não terem sido evidenciados esses documentos e tampouco terem sido mencionados pelo BCB. Nesse ponto, reitera-se que a partir das respostas da CVM e da PREVIC à questão nº 2 não é possível dizer inequivocamente quais seriam os parâmetros e métricas previstos nos mencionados Planos de Trabalho.

O Convênio firmado entre a CVM e a SUSEP dispõe que, pelo menos uma vez a cada bimestre, a operacionalização do Convênio será avaliada no âmbito da Comissão, a quem cabe a administração do Convênio, conforme disposto na Cláusula Décima Primeira, a seguir transcrita:

> CLÁUSULA DÉCIMA PRIMEIRA: Os integrantes da Comissão deverão reunir-se, ordinariamente, pelo menos uma vez a cada bimestre, a fim de avaliar o desempenho da operacionalização instituída no âmbito deste Convênio.

Mais uma vez, constata-se que uma das convenentes respondeu não possuir parâmetros ou métricas definidos para acompanhamento da execução do Convênio, ao passo que a outra convenente mencionou haver, como regra desses instrumentos o Plano de Trabalho, com parâmetros e métricas, sem evidenciá-lo, o que possibilitaria o acompanhamento da execução do Convênio.

Diante dessa incongruência, não se pode dizer categoricamente que a avaliação supramencionada prevista no Convênio não esteja sendo realizada, mas há dúvidas acerca da possibilidade dessa avaliação, haja vista as respostas recebidas da CVM e da SUSEP.

O Termo de Cooperação Técnica firmado entre PREVIC e SUSEP não veicula disposição similar que atribua à Comissão a necessidade de avaliação periódica da operacionalização desse instrumento. Contudo, isso não impede que essa avaliação seja realizada, a critério das partes.

Ocorre que, a partir da resposta da SUSEP, é possível entender que essa avaliação não é realizada, uma vez que não há parâmetros ou métricas para acompanhamento da execução desse Termo de Cooperação Técnica. Apesar disso, pela resposta da PREVIC e diante da possibilidade de haver Plano de Trabalho com parâmetros e métricas, sem evidências da existência desse documento, pode ser que seja possível a avaliação da operacionalização desse Termo de Cooperação Técnica. Ressalta-se, contudo, que o Plano de Trabalho não foi mencionado pela SUSEP em sua resposta.

Em relação à questão nº 3, o BCB e a SUSEP responderam não haver periodicidade definida para essa reavaliação dos instrumentos firmados. A SUSEP informa, contudo, que a reavaliação pode ser realizada a qualquer tempo, a pedido da área técnica envolvida.

A esse respeito, é possível constatar a incongruência entre as respostas oferecidas pelo BCB e a SUSEP e o conteúdo do acordo firmado entre essas autarquias especiais que prevê a reunião semestral da Comissão, nos termos da Cláusula Nona acima transcrita, cuja finalidade é a avaliação do desempenho do Convênio.

No mesmo sentido, o Convênio firmado entre CVM e SUSEP, nos termos da supramencionada Cláusula Décima Primeira, que prevê a periodicidade bimestral para realização de reunião da Comissão com finalidade de avaliação do desempenho do Convênio.

Ainda, em resposta à questão nº 3, a CVM informou que "a reavaliação desses instrumentos é realizada dentro dos prazos de validade estabelecidos em cada documento". Por isso, é possível concluir, em sentido contrário, que os instrumentos firmados sem cláusula que preveja a necessidade periódica de avaliação do seu desempenho não tenham sido objeto de reavaliação desde a sua celebração.

A PREVIC, por sua vez, informou que os acordos são reavaliados conforme a necessidade e que os supervisores mantêm permanente comunicação entre si. A partir dessa resposta, é possível extrair que a referida necessidade pode ou não ter ocorrido, de forma que os instrumentos firmados em 2012, com a SUSEP; em 2016, com o BCB; e em 2018, com a PREVIC, podem ou não já ter sido objeto de reavaliação do seu desempenho.

3.1.2 Consulta como mecanismo formal de coordenação

Quanto à consulta, outro mecanismo de coordenação regulatória, o BCB, a CVM, a SUSEP e a PREVIC foram questionados quanto aos procedimentos e em que situações eventualmente são realizadas umas às outras, pelo que responderam o seguinte:

QUADRO 12 - Respostas à pergunta nº 4

Respondente:	Conteúdo da resposta:
CVM	Em relação às consultas, fazemos uso tanto de mecanismos formais, como reuniões periódicas, como as interações informais entre as instituições, no âmbito das governanças estabelecidas respectivamente em cada um dos acordos de cooperação ou convênios com outros órgãos reguladores. Em regra, tais consultas são cursadas com alguns objetivos específicos, dos quais destacamos (i) os subsídios para a elaboração de normatização de um órgão regulador convenente que gere impactos ou repercussões no âmbito da jurisdição do outro órgão regulador convenente, e (ii) subsídios para a elaboração de documentos de natureza interpretativa conjunta, como os cinco Ofícios Circulares Conjuntos emitidos pela SIN/CVM em conjunto com a subsecretaria de regimes próprios de previdência social de Estados e Municípios ("SEPRT").

Respondente:	Conteúdo da resposta:
SUSEP	Informamos que não há casos concretos suficientes que possibilitem relatar as ações adotadas.
PREVIC	A Previc não costuma utilizar o mecanismo de consulta formal a seus pares. Os assuntos semelhantes ou que envolvam competências comuns costumam ser tratados por meio de reuniões específicas entre servidores da Autarquia e servidores da CVM, Susep e Banco Central do Brasil.
BCB	Considerando tratar-se de consulta com características de assessoramento a pesquisa acadêmica, demandando trabalhos adicionais de análise, pesquisa, interpretação e consolidação de leis, normas, dados e informações, ou serviço de produção ou tratamento de dados a respeito da legislação concernente ao Sistema Financeiro Nacional, informamos que esta espécie de assessoramento não se insere entre as atribuições legalmente conferidas a esta Autarquia.

Fonte: Elaborado pela Autora a partir das respostas recebidas

3.1.2.1 Análise da utilização da consulta como mecanismo formal

As consultas formuladas às entidades da instância supervisora do SFN possuem, previamente aos questionamentos, um texto introdutório e explicativo do objeto da Consulta[10]. Embora o questionamento nº 3 não explicite que o foco se dá sobre a "consulta" utilizada como mecanismo formal, essa é a intenção de abordagem. Pelo teor de algumas das respostas, contudo, extrai-se que talvez esse recorte não tenha ficado

[10] Para pronta referência, segue texto introdutório das Consultas:

"Eu, Ana Carolina Mello Pereira da Silva de Paula, sou mestranda em Direito da Regulação da Fundação Getúlio Vargas – FGV e estou desenvolvendo um trabalho acadêmico de pesquisa sobre coordenação regulatória no Sistema Financeiro Nacional (SFN), com foco nas instâncias de supervisão (SUSEP, PREVIC, CVM, BCB).

A literatura sobre coordenação regulatória menciona algumas das ferramentas de coordenação formais e funcionais consideradas mais comuns, a saber: as consultas; a celebração de acordos ou de memorandos de entendimento; e a elaboração normativa conjunta. Um quarto mecanismo de coordenação regulatória é a existência de uma estrutura que tenha esse propósito de articulação ou coordenação (FREEMAN; ROSSI, 2012, p.1155).

No contexto da pesquisa, verificamos a existência de mecanismos formais de coordenação regulatória estabelecidos entre as autarquias especiais do SFN.

Por esse motivo, solicito a colaboração de V.Sa. para apresentar as respostas aos questionamentos, a fim de viabilizar parte relevante da nossa análise."

entendido e, por isso, foram consideradas também as consultas enquanto mecanismo informal a partir das interações entre os agentes públicos dos quadros das autarquias especiais.

Os compromissos eventualmente firmados pelas autarquias especiais do SFN para viabilizar manifestações prévias diante de determinadas circunstâncias não constituem condições necessárias para que, na prática, sejam realizadas consultas. Contudo, esses acordos contribuem para a institucionalização dessa ferramenta.

As consultas, utilizadas como mecanismos formais, contribuem para potencializar o nível de articulação, cooperação e alinhamento na atuação coordenada do BCB, da CVM, da PREVIC e da SUSEP, além de viabilizarem o acompanhamento da operacionalização e a avaliação dessa ferramenta. As consultas informais, por sua vez, não invalidam tampouco excluem a possibilidade da consulta formal, como meio institucionalizado para obtenção de informações e operacionalização da cooperação.

O Convênio firmado entre o BCB e a SUSEP não prevê a possibilidade ou obrigatoriedade de consulta de uma em relação à outra diante de situações específicas.

Por outro lado, o Convênio firmado entre CVM e SUSEP evidencia, em sua Cláusula Primeira, que o objeto do compromisso possui 3 pilares, sendo que um deles se refere ao estabelecimento de "sistema de consulta recíproca a respeito de normas que tenham reflexos sobre as instituições sob suas alçadas", e, nos termos da alínea "b" dessa cláusula, esse sistema "objetiva permitir às partes convenentes aperfeiçoar as regras prudenciais aplicáveis ao mercado de valores mobiliários e às instituições do sistema de distribuição de valores mobiliários e ao mercado de seguros, previdência complementar aberta e capitalização".

Além disso, por meio da Cláusula Quinta do Convênio, a CVM e a SUSEP se obrigaram à obtenção da manifestação prévia diante da edição de normas que possam "produzir efeito importante sobre as instituições e mercados sujeitos à supervisão da outra".

O Termo de Cooperação Técnica firmado entre a PREVIC e a SUSEP não contempla uma disposição que expressamente preveja a possibilidade ou a necessidade de consulta de uma em relação a outra.

O Convênio firmado entre BCB e CVM tem como objeto, dentre outros, a definição de procedimentos e prazos para operacionalização técnica da manifestação prévia de uma em relação à outra quando for editada norma sempre que guardar relação com assuntos especificados no documento e, por conseguinte, gerar reflexos na atividade da outra parte, conforme disposto em sua cláusula primeira, item 1.1, alíneas "a" e "b".

O convênio firmado entre BCB e PREVIC prevê a possibilidade de solicitação de manifestação prévia, quando couber, em que forem editadas normas que gerem reflexos no campo de atuação da congênere, conforme previsto no item 1.1, alínea "a", da cláusula primeira. Para tanto, o convênio traz o regramento específico de como seria operacionalizada essa manifestação prévia na sua cláusula terceira.

O acordo firmado entre CVM e PREVIC prevê, em sua cláusula 1.1, alínea "a", que esse instrumento tem também como objeto a definição de procedimentos e prazos relativos à operacionalização técnica da "solicitação, mediante acordo das partes, de manifestação prévia a respeito de normas a serem editadas e que, de alguma forma, possam ter reflexos para o regime de previdência complementar operado pelas EFPC ou para o mercado de capitais". Essa manifestação prévia corresponde à consulta.

Conforme se percebe, os acordos, convênios, termo de cooperação técnica e acordo de cooperação técnica disciplinaram de forma não uniforme a utilização da consulta. Além disso, ressalta-se que a ausência ou previsão como mera possibilidade da utilização da consulta não afasta a sua utilização, considerando que a governança para administração e execução desses instrumentos, em comum, preveem atribuições amplas que podem contemplar o estabelecimento de rotinas para atividades decorrentes dos compromissos assumidos.

Em relação às respostas, a CVM informou que utiliza a consulta, formal e informalmente, tendo mencionado que fazem-no considerando a governança estabelecida em cada acordo e destacado duas situações nas quais houve a realização de consulta, quais sejam:

> (i) os subsídios para a elaboração de normatização de um órgão regulador convenente que gere impactos ou repercussões no âmbito da jurisdição do outro órgão regulador convenente, e (ii) subsídios para a elaboração de documentos de natureza interpretativa conjunta, como os cinco Ofícios Circulares Conjuntos emitidos pela SIN/CVM em conjunto com a subsecretaria de regimes próprios de previdência social de Estados e Municípios ("SEPRT").

A PREVIC respondeu que não utiliza a consulta como mecanismo formal, mas esclareceu que essas interações ocorrem "por meio de reuniões específicas entre servidores da Autarquia e servidores da CVM, Susep e Banco Central do Brasil", o que, segundo a doutrina da coordenação regulatória, pode ser considerada como ferramenta informal.

A SUSEP, por sua vez, expressou não haver casos suficientes para relatar as ações tomadas. Contudo, o sistema de consulta recíproca previsto no convênio firmado entre CVM e SUSEP impõe a obrigatoriedade de consulta nas circunstâncias descritas no instrumento relacionadas à edição de normativos, de forma que a prática deveria contemplar pelo menos situações envolvendo o sistema de consulta bilateral estabelecido entre essas autarquias.

A resposta do BCB não fornece elementos para nossa análise, pois a referida autarquia, em resumo, entende que se trata de assessoramento não previsto dentre as suas atribuições legalmente conferidas.

Os dispositivos previstos nos instrumentos firmados pelas autarquias especiais do SFN (ou sua ausência) e os insumos obtidos a partir das respostas dessas consultas permitem dizer que há relevante potencial de uso dessa ferramenta a ser explorado para viabilizar a efetiva utilização da consulta como mecanismo formal de coordenação, de modo a possibilitar a atuação mais articulada, coordenada, sinérgica e em rede do BCB, da CVM, da PREVIC e da SUSEP.

3.1.3 Sobre a elaboração normativa conjunta

O BCB, a CVM, a SUSEP e a PREVIC foram questionados a respeito das normatizações conjuntas, começando pelo mapeamento de oportunidades de edição de regras conjuntas, considerando as atribuições de cada autarquia que guardem relação com as atribuições das demais.

Diante da resposta da primeira pergunta, se positiva a resposta, as autarquias especiais do SFN foram questionadas quanto (i) aos critérios utilizados para identificação do potencial de normatização conjunta entre autarquias especiais; (ii) à periodicidade para reavaliação dos objetivos e da execução da agenda conjunta de normatização; (iii) à disponibilização para o público em geral das informações relativas às prioridades e ao planejamento dessa normatização conjunta; e (iv) onde essas informações podem ser obtidas.

QUADRO 13 - Respostas às perguntas do Item III - Normatização Conjunta

Respondente:	Conteúdo das respostas:
CVM	Em relação aos aspectos de normatização conjunta, não temos um mapeamento de atribuições da CVM que guardem relação com as atribuições de outras autarquias especiais com o objetivo de edição de regras conjuntas. Essa avaliação é feita caso a caso, a partir do momento em que determinado assunto que carece de regulamentação é priorizado e se transforma em um projeto de normatização. É possível entender melhor o nosso processo normativo através do link: https://conteudo.cvm.gov.br/legislacao/resolucoes/resol067.html.
SUSEP	Informamos que, até o momento, a Susep não atua em normatização conjunta com outras autarquias.

Respondente:	Conteúdo das respostas:
PREVIC	A Previc dispõe de 4 atos normativos conjuntos vigentes: Instrução Conjunta SPC/ANS nº 1, de 2008, que estabelece critérios para a execução das atribuições legais da Previc e da ANS relacionadas às atividades de suplementação à saúde exercidas pelas EFPC que, nos termos do artigo 76 da Lei Complementar nº 109, de 2001, foram autorizadas a continuar oferecendo a seus participantes e assistidos benefícios assistenciais à saúde. Instrução Conjunta Instrução Susep/Previc nº 01, de 14 de novembro de 2014: Dispõe sobre as regras de portabilidade de recursos de planos de benefícios de Entidades Abertas para planos de benefícios de Entidades Fechadas de Previdência Complementar, e vice-versa, e dá outras providências. Instrução Normativa SRF / SPCO / SUSEP nº 524, de 11 de março de 2005: Regulamenta o prazo de acumulação de que trata o § 3º do art. 1º da Lei nº 11.053, de 29 de dezembro de 2004. Instrução Normativa SPCO / SRF / SUSEP nº 589, de 21 de dezembro de 2005: Altera a instrução Normativa Conjunta SRF, SPC e Susep nº 524, de 2005, que regulamenta o prazo de acumulação de que trata o § 3º do art. 1º da Lei nº 11.053, de 29 de dezembro de 2004. A normatização conjunta usualmente ocorre por força normativa ou legal, em relação a matéria específica, a exemplo da Instrução Conjunta SPC/ANS nº 1, de 2008, editada em decorrência do art. 76 da Lei Complementar nº 109, de 2001. À medida que o segmento supervisionado se desenvolve e a tecnologia evolui, podem surgir novas matérias que necessitam da edição de regulações conjuntas. A revisão dos atos normativos conjuntos ocorre sempre que necessário a atualização dos comandos vigentes. Atualmente, o Decreto 10.139, de 2019, exige a revisão dos atos normativos do órgão no início do primeiro ano de mandato presidencial.
PREVIC	Não há previsão de procedimentos de normatização. Atualmente, a autarquia publica periodicamente ementário com todas as normas de competência da Previc em vigor. https://www.gov.br/economia/pt-br/orgaos/entidades-vinculadas/autarquias/previc/centrais-de-conteudo/publicacoes/ementario-previc/ementario.
BCB	Considerando tratar-se de consulta com características de assessoramento a pesquisa acadêmica, demandando trabalhos adicionais de análise, pesquisa, interpretação e consolidação de leis, normas, dados e informações, ou serviço de produção ou tratamento de dados a respeito da legislação concernente ao Sistema Financeiro Nacional, informamos que esta espécie de assessoramento não se insere entre as atribuições legalmente conferidas a esta Autarquia.

Fonte: Elaborado pela Autora a partir das respostas recebidas

3.1.3.1 Análise da utilização da normatização conjunta como mecanismo formal de coordenação regulatória

O item VI do preâmbulo do Convênio firmado entre o BCB e a CVM menciona as vantagens auferidas da atuação coordenada "com vistas a se alcançar plenamente os objetivos de que tratam, precipuamente, o art. 3º da Lei nº 4.595, de 1964, e o art. 4º da Lei nº 6.385, de 1976, bem como, o mais possível, coesão sistêmica de atuações, clareza, previsibilidade e segurança jurídica, redução de custos de observância no âmbito do sistema financeiro como um todo e, em última análise, a estabilidade financeira nos âmbitos nacional e internacional".

A normatização conjunta é mecanismo formal de coordenação regulatória considerado comum pela literatura sobre o assunto. Como supratranscrito, vantagens podem ser obtidas dessa atuação coordenada, que, na vertente normativa, pode ser explorada em toda sua potencialidade por entes da Administração Pública, uma vez que não há óbice legal para isso e apesar de não se tratar de imposição normativa ao administrador público.

A normatização conjunta, se institucionalizada como mecanismo de coordenação regulatória e quando precedida pelo mapeamento de necessidades, planejamento e estabelecimento de agenda conjunta, pode potencializar o desempenho das funções atreladas às autarquias especiais, principalmente quando se trata das funções de fiscalização e de fomento.

No que tange à fiscalização, o estabelecimento de uma agenda normativa conjunta pode estabelecer processos e procedimentos comuns, evitando-se, dessa forma, a repetição de procedimentos e atos pelos envolvidos e, por conseguinte, reduzindo o custo imposto à máquina pública e ao supervisionado, dentre outras vantagens.

Na pauta do fomento, a normatização conjunta pode ser considerada uma importante ferramenta a serviço da concretização da política pública dos setores regulados do SFN. A atuação coordenada das autarquias especiais do SFN pode ser mais estratégica e, até mesmo quando se limite a focar nos produtos dos setores do SFN, benefícios são auferidos dessa articulação, como, por exemplo, produtos da mesma natureza ou relacionados entre si, mas regulamentados por autarquias especiais distintas, podem ser aprimorados e, dessa forma, se tornarem mais acessíveis a parcelas do público consumidor dos mercados regulados do SFN.

Neste ponto, vislumbra-se que a normatização conjunta pode ser utilizada estrategicamente também em relação aos riscos decorrentes das novas tecnologias e aos projetos desenvolvidos pelas entidades do SFN, como o *Open Finance*.

A despeito das vantagens decorrentes dessa normatização conjunta, a análise das respostas fornecidas pela CVM, pela PREVIC e pela SUSEP permite dizer que o potencial relativo à normatização conjunta não está sendo explorado adequadamente por essas entidades do SFN com vistas ao incremento da coesão sistêmica, eficiência, efetividade e prestação de contas.

A resposta do BCB não fornece elementos para nossa análise, pois a referida autarquia, em resumo, entende que se trata de assessoramento não previsto dentre as suas atribuições legalmente conferidas.

3.1.4 O funcionamento do COREMEC

Em relação à CVM, à SUSEP e à PREVIC, foram endereçados questionamentos que se limitavam à verificação da realização das reuniões semestrais do COREMEC, considerando que a nossa pesquisa inicial não localizou nos sítios eletrônicos dessas autarquias informações específicas quanto as suas participações no referido fórum, o que suscitou a dúvida quanto à observância da previsão regimental de realização de reuniões periódicas com regularidade semestral, considerando o período posterior à recriação do fórum pelo Decreto nº 10.465/2020.

QUADRO 14 - Respostas à pergunta nº 6 endereçada à CVM, SUSEP e PREVIC

Respondente:	Conteúdo das respostas:
CVM	Por fim, em atenção ao questionamento sobre as reuniões do COREMEC, informamos que elas são realizadas com periodicidade semestral.
SUSEP	Comunicamos que as reuniões do COREMEC, em caráter ordinário, estão ocorrendo semestralmente, nos termos do artigo 4º, do Decreto nº 10.465, de 18 de agosto de 2020. Maiores informações podem ser obtidas junto à Secretaria-Executiva do Coremec, exercida pelo Banco Central do Brasil.
PREVIC	Nos termos do art. 11 da Resolução COREMEC nº 1, de 9 de dezembro de 2020 determina que o COREMEC reunir-se-á, ordinariamente, uma vez por semestre e, extraordinariamente, a qualquer tempo, por convocação do seu Presidente ou pela maioria de seus membros.

Fonte: Elaborado pela Autora a partir das respostas recebidas

Tendo em vista o exercício da Secretaria-Executiva do COREMEC pelo BCB, nos termos do artigo 5º da Resolução COREMEC nº 1, de 9 de dezembro de 2020, foram endereçados questionamentos específicos relacionados ao funcionamento do fórum. Especificamente, o BCB foi questionado (i) se as reuniões ordinárias têm ocorrido com a periodicidade semestral desde a sua recriação pelo Decreto nº 10.465/2020; (ii) onde poderiam ser acessadas a agenda e a pauta dessas reuniões; (iii) se as prioridades do COREMEC para cada mandato são públicas; (iv) no caso de resposta afirmativa à pergunta anterior, onde poderiam ser encontradas as prioridades do COREMEC a cada mandato; (v) que normativos teriam sido editados além da Resolução COREMEC nº 01/2020, desde a sua recriação pelo Decreto nº 10.465/2020; (vi) onde poderiam ser acessados esses normativos; (vii) se o COREMEC emite pronunciamentos conjuntos ou recomendações conjuntas; (viii) diante da resposta afirmativa à pergunta anterior, se esses documentos (pronunciamentos ou recomendações conjuntos) seriam públicos; e, por fim, (ix) onde poderiam ser acessados pronunciamentos conjuntos ou recomendações conjuntas.

Em resposta, o BCB expôs o quanto segue:

QUADRO 15 - Respostas às perguntas do Item IV - COREMEC endereçadas ao BCB

6) Quanto ao COREMEC, as reuniões ordinárias têm ocorrido com a periodicidade semestral desde a sua recriação pelo Decreto nº 10.465/2020?

Sim, desde a sua recriação, as reuniões ordinárias têm ocorrido semestralmente, geralmente nos meses de junho e novembro, conforme previsão no art. 4º do Decreto nº 10.465/2020. As datas dessas reuniões e de outros colegiados, podem ser consultadas em https://www.bcb.gov.br/acessoinformacao/calendariobc.

7) Onde podem ser acessadas a agenda e a pauta das reuniões?

A agenda e a pauta das reuniões não são divulgadas ao público pela internet.

8) O conhecimento acerca de qual autarquia especial exerce a presidência anual do COREMEC é objeto de divulgação ao público? Onde essa informação pode ser acessada?

Conforme arts. 2ºe 4º do Regimento Interno do Coremec, anexo à Resolução Coremec nº01/2020, a Presidência e a Vice-Presidência do Coremec serão exercidas, a cada período de um ano, por uma das entidades representadas no colegiado, em regime de rodízio, observada a ordem alfabética do nome da entidade. Atualmente exerce a presidência do Coremec representante da Superintendência Nacional de Previdência Complementar (Previc).

9) As prioridades do COREMEC para cada mandato são públicas? No caso de resposta afirmativa, onde podem ser encontradas?

Não há prioridades estabelecidas por mandado (sic), porém o Regimento Interno do Coremec, anexo à Resolução Coremec nº01/2020, estabelece, no art. 7º, as competências e atribuições do Comitê e seus membros voltadas, basicamente, à promoção da estabilidade do sistema financeiro nacional.

10) Desde a sua recriação pelo Decreto nº 10.465/2020, quais atos normativos foram editados além da Resolução COREMEC nº 01/2020 e onde podem ser acessados?

Somente a Resolução Coremec nº 01/2020 foi editada até o momento, acessível no Busca de Normas, no site do Banco Central: https://www.bcb.gov.br/estabilidadefinanceira/exibenormativo?tipo=Resolu%C3%A7%C3%A3o%20Coremec&numero=1

11) O COREMEC emite pronunciamentos conjuntos ou recomendações conjuntas? Se houver, esses documentos são públicos? Onde podem ser acessados?

Anteriormente à sua recriação, o Coremec emitia Deliberações, publicadas no Diário Oficial da União. A partir de sua recriação, o Regimento Interno do Coremec, anexo à Resolução Coremec nº01/2020, estabelece em seu art. 23 que as decisões do Comitê que necessitarem de publicidade serão divulgadas por meio de Resoluções Coremec. As Resoluções Coremec são publicadas no Diário Oficial da União e podem ser acessadas no Busca de Normas, no site do BC: www.bcb.gov.br/estabilidadefinanceira/buscanormas.

Fonte: Elaborado pela Autora a partir das respostas recebidas

3.1.4.1 Análise do desempenho do COREMEC

Desde a recriação do COREMEC pelo Decreto nº 10.465, de 18 de agosto de 2020 até dezembro de 2022, a análise das respostas do BCB, da CVM, da PREVIC e da SUSEP permite dizer que as reuniões semestrais do Comitê aconteceram nas seguintes datas[11]: 07 de junho de 2021, 29 de novembro de 2021, 09 de junho de 2022 e 01 de dezembro de 2022. As atas e pautas das reuniões não são divulgadas ao público, conforme informado pelo BCB em sua resposta.

Nos termos do artigo 1º do Anexo à Resolução COREMEC nº 1, de 09 de dezembro de 2020, o COREMEC "tem por finalidade promover a coordenação e o aprimoramento da atuação das entidades da administração pública federal que regulam e supervisionam os mercados financeiro, de capitais, de seguros, de previdência e capitalização". Para tanto, o artigo 7º da referida Resolução COREMEC, única editada desde a recriação do Comitê, confere-lhe as seguintes competências:

> Art. 7º Compete ao Coremec:
>
> I - promover a articulação da atuação das entidades da administração pública federal que regulam e supervisionam os mercados financeiro, de capitais, de seguros, de previdência e capitalização, com o objetivo de promover a estabilidade do sistema financeiro nacional;
>
> II - discutir medidas que visem ao melhor funcionamento dos mercados financeiro, de capitais, de seguros, de previdência e capitalização;
>
> III - debater iniciativas de regulação e procedimentos de supervisão comuns às atividades de mais de uma das entidades reguladoras dos mercados financeiro, de capitais, de seguros, de previdência e capitalização;

11 Em pesquisa ao sítio eletrônico https://www.bcb.gov.br/acessoinformacao/calendariobc, em 04 de outubro de 2023, não se localizou as datas de realização das reuniões ordinárias e periódicas do COREMEC no ano de 2023.

> IV - coordenar o intercâmbio de informações das entidades reguladoras dos mercados financeiro, de capitais, de seguros, de previdência e capitalização entre si e com instituições estrangeiras e organismos internacionais;
>
> V - debater e propor ações coordenadas de regulação e fiscalização, inclusive as aplicáveis aos conglomerados financeiros; e
>
> VI - aprovar alterações neste Regimento, por unanimidade de votos dos membros presentes na reunião do colegiado em cuja pauta tenha sido prevista deliberação a respeito.

A Resolução COREMEC nº 01/2020 prevê também competências específicas do Presidente do Comitê; da Secretaria-Executiva do Comitê, executada pelo BCB; e dos membros do COREMEC, além de toda a governança para seu funcionamento.

A finalidade de promoção da coordenação e do aprimoramento do funcionamento das entidades do SFN requer direcionamento estratégico, planejamento e acompanhamento com métricas para aferição do cumprimento das metas definidas no âmbito do Comitê. Considerando que não há publicidade dos documentos e das informações que foram objeto de consulta ao BCB por meio das perguntas 7, 8, 9 e 11, tampouco houve realização de reuniões extraordinárias desde a recriação do Comitê[12], a análise das respostas permite dizer que faltam elementos para corroborar o cumprimento da finalidade do COREMEC. Além disso, a partir da consulta pelo sítio eletrônico informado pelo BCB em resposta à pergunta nº 6, verifica-se que houve, desde a recriação do COREMEC em agosto de 2020, a realização de 4 reuniões ordinárias, sendo que não se identificou a realização de reunião ordinária no ano de 2023 até o presente momento[13].

12 Informação obtida a partir da pesquisa no calendário de eventos disponível em: https://www.bcb.gov.br/acessoinformacao/calendariobc. Acesso em: 04 out 23.

13 Consulta realizada em 04 de outubro de 2023.

3.2 Panorama da coordenação na instância supervisora do SFN

O experimento empírico realizado endereçou ao BCB, à CVM, à PREVIC e à SUSEP consulta, com o mesmo teor na maior parte dos questionamentos, utilizando-se da mesma plataforma, Fala.Br, cujo texto introdutório comum às consultas esclareceu tratar-se de "trabalho acadêmico de pesquisa sobre coordenação regulatória no Sistema Financeiro Nacional (SFN), com foco nas instâncias de supervisão (SUSEP, PREVIC, CVM, BCB)".

A despeito do embasamento legal que autoriza o intercâmbio de informações entre as autarquias especiais do SFN e dos instrumentos firmados, todo esse arcabouço necessário para a coordenação regulatória não é suficiente para mitigar as disfuncionalidades provocadas justamente pela falta ou deficiência dessa coordenação.

A incongruência das respostas fornecidas pelas autarquias especiais permite dizer que não houve articulação para uniformização dos insumos disponibilizados para a pesquisa, embora os compromissos assumidos pelos acordos, convênios, termo e acordo de cooperação técnica suscitem alinhamentos de perspectiva. Além disso, supõe-se que a consulta em questão não tenha sido objeto de discussão no COREMEC, cuja dinâmica atual de funcionamento contempla esparsas reuniões ordinárias.

No pilar da eficiência, a suficiência da implementação dos mecanismos formais de coordenação regulatória requer a sua efetiva operacionalização, o que demanda a utilização de ferramentas que permitam avaliar se o caminho percorrido em direção ao propósito da coordenação eficiente com atuação em rede das instâncias supervisoras está atendendo às expectativas das entidades envolvidas. Para tanto, é necessária a definição de processos e de procedimentos, assim como o estabelecimento de metas e critérios ou parâmetros que permitam a avaliação pela instância a quem se atribua a competência para acompanhar e operacionalizar a execução dos acordos firmados.

É possível dizer que a coordenação regulatória deficiente impacta os custos para manutenção das estruturas necessárias para funcionamento dos serviços públicos ofertados pelas autarquias especiais do SFN e dos próprios regulados, uma vez que há potencial não explorado adequadamente de otimização racional do funcionamento dessas entidades, considerando as funções que desempenham.

A deficiência da coordenação regulatória, nesse sentido, onera os custos públicos e privados de transação dos supervisionados que tendem a, respectivamente, exigir e realizar condutas ou ações que poderiam ser unificadas de forma a atender as autarquias especiais que compartilhem competência em dada circunstância. A necessidade de implementação da consulta e normatização conjunta guarda direta relação com a coesão e coerência sistêmica.

Apesar de não serem necessários por conta da edição do Decreto nº 10.046, de 9 de outubro de 2019, que, nos termos do seu artigo 5º, dispensou a necessidade de "celebração de convênio, acordo de cooperação técnica ou instrumentos congêneres para a efetivação do compartilhamento de dados entre os órgãos e as entidades" da administração pública federal direta, autárquica e fundacional e os demais Poderes da União, desde que observadas as diretrizes definidas nessa norma e o disposto na Lei nº 13.709, 14 de agosto de 2018, conhecida por Lei Geral de Proteção de Dados, os instrumentos bilaterais são relevantes ao preverem a governança mínima para que o permissivo legal de troca de informações se transforme em efetiva atuação conjunta ou coordenada.

A análise dos achados permite dizer que não é efetiva a coordenação no âmbito da instância supervisora do SFN que deixa de explorar as possibilidades advindas do processo de troca de conhecimento técnico. Pode-se dizer também que há perda de qualidade do processo decisório, pois não considera perspectivas justamente pela limitada troca entre essas entidades. Nesse ponto, reitera-se que o escopo de análise desta dissertação limita-se aos instrumentos formais de coordenação regulatória, cuja institucionalização permite apurar como tem desempenhado na prática.

Os instrumentos celebrados, em comum, preveem atribuições amplas atribuídas às comissões paritárias, devendo ser objeto de ulterior aprofundamento por pesquisa a verificação do funcionamento dessas comissões. A pesquisa ora realizada já mostrou que há fragilidade no atendimento da finalidade de avaliação do desempenho da operacionalização dos acordos prevista em alguns desses instrumentos.

Os insumos apontam para a opacidade da operacionalização e do funcionamento das ferramentas formais de coordenação regulatória. Essa falta de transparência impacta a possibilidade de controle, considerando a doutrina sobre *accountability*, assim como limita a participação das partes interessadas dos setores regulados do SFN.

A partir das respostas das autarquias especiais do SFN, é possível constatar a limitada possibilidade de se estabelecer uma interação entre o público e o privado, em que o segundo detém clareza dos compromissos, do propósito, das escolhas, das decisões e, nesse contexto, possa exigir a prestação de contas do agente público vis-à-vis os compromissos assumidos em prol da atuação coordenada, articulada, consistente e coesa.

A literatura sobre o assunto correlacionou o aprofundamento da fragmentariedade e o agravamento do risco sistêmico. Nos instrumentos firmados, constata-se que, em certa medida, existe a preocupação com a higidez e a estabilidade do sistema. A análise das respostas permite dizer que o estado atual do grau de coordenação entre autarquias especiais do SFN por mecanismos formais não cumpre de forma eficiente e efetiva a função de mitigação de riscos sistêmicos, principalmente relacionados a grupos econômicos. Isso não significa que casuisticamente está afastada a atuação preventiva ou articulada entre as instâncias de supervisão do SFN, mas pode-se extrair que há fragilidade na coordenação das autarquias especiais do SFN para mitigarem riscos sistêmicos de forma abrangente e em rede.

A análise dos insumos obtidos acerca da dinâmica atual de funcionamento do COREMEC permite dizer que o desempenho desse fórum pode ser aprimorado para que o propósito de promoção da coordenação e da atuação articulada seja alcançado e o Comitê passe a ser estratégico.

Os insumos obtidos a partir da análise dos instrumentos firmados entre as autarquias especiais do SFN e das respostas às consultas permitem dizer que há potencial considerável a ser explorado para se alcançar o nível de coordenação e articulação entre as entidades da instância supervisora do SFN que realmente contribua para superar o modelo de atuação mais isolado e, por conseguinte, aprimore a eficiência do desempenho de cada autarquia especial do SFN, bem como a efetividade do funcionamento em rede do SFN, além de possibilitar que as condições necessárias para prestação de contas pelos agentes públicos estejam presentes.

Por fim, a incongruência das respostas disponibilizadas pelo BCB, pela CVM, pela PREVIC e pela SUSEP evidencia que o fluxo da troca informacional entre as autarquias especiais do SFN carece de aprimoramentos para superação da assimetria informacional existente e para viabilizar maior articulação, harmonização e uniformização do que se pretende seja uma rede de cooperação e coordenação.

3.3 Diretrizes para aprimoramento da coordenação regulatória do SFN

A coordenação regulatória requer o desempenho de trabalho em conjunto entre as entidades integrantes dessa rede de cooperação. Ao tratar da coordenação e da coerência na implementação de políticas públicas, o TCU parte da mesma premissa, pois "(...) do contrário, a fragmentação da missão e a sobreposição de programas tornam-se realidade generalizada no âmbito do governo e muitos programas transversais deixam de ser bem coordenados. Ao trabalharem em conjunto, as organizações públicas podem melhorar e sustentar abordagens colaborativas para atingir as metas estabelecidas" (2014, p. 55-56)

Com base no referencial teórico e no resultado da análise empírica, entende-se que a rede de cooperação que viabiliza a coordenação entre as autarquias especiais do SFN pode ser aprimorada com o objetivo de evitar ou mitigar fatores que afetam a eficiência das suas entidades, a efetividade do próprio Sistema, bem como a capacidade de prestação de contas pelos seus agentes públicos.

Diante disso, seguem diretrizes a serem consideradas na elaboração de propostas para aprimoramento dessa rede de coordenação que pode ser objeto de aprofundamento em outros estudos:

a) As entidades de supervisão são fundamentais para que o nível de coordenação regulatória existente seja aprimorado e se alcance um patamar de maior coerência da política regulatória, o que perpassa pela mitigação dos efeitos das disfuncionalidades criadas pela fragmentariedade das atribuições das entidades do nível de supervisão do SFN. Na esteira da recomendação da OCDE, há necessidade de "incorporar a coerência regulatória como um pilar fundamental da política regulatória do país" (OCDE, 2022, p. 17);

b) Considerando a recomendação da OCDE que consiste na avaliação da possibilidade de consolidação da função de supervisão da "política de melhoria da regulação a um único órgão" (2022, p. 75), a organização do nível de supervisão do SFN deve ser objeto de novos estudos com o objetivo de analisar qual seria a configuração ótima, considerando as disfuncionalidades decorrentes da fragmentariedade das atribuições delegadas ao BCB, à CVM, à PREVIC e à SUSEP, de modo que a opção pela consolidação das estruturas ou fortalecimento da coordenação forneça resposta aos desafios regulatórios enfrentados pelo Brasil, que foram objeto da publicação "Reforma Regulatória no Brasil" pela OCDE, em 2022. Novas configurações apresentam-se como opções no caso da consolidação, como, por exemplo, a consolidação de todas ou algumas entidades de supervisão em apenas uma única entidade. A título de ilustração, há alguns anos a imprensa repercute projetos ou intenções de fusão da PREVIC com a SUSEP, mas em que bases? Essa é a melhor configuração de supervisão dos setores abrangidos por essas entidades?[14]

c) Recomenda-se a reanálise da governança do COREMEC com o objetivo de fortalecer o seu funcionamento e assegurar que seu propósito seja atendido de forma estratégica, uma vez que esse Comitê tem como "finalidade promover a coordenação e o aprimoramento da atuação das entidades da administração pública federal que regulam e supervisionam os mercados financeiro, de capitais, de seguros, de previdência e capitalização", nos termos do artigo 1º do Regimento Interno do COREMEC (anexo à Resolução COREMEC Nº 1, de 9 de dezembro de 2020);

d) Nesse ponto, no âmbito do COREMEC, é importante que as autarquias integrantes do Comitê elaborem o seu planejamento estratégico e definam prioridades, metas e parâmetros de avaliação que permitam o acompanhamento do resultado dos trabalhos desenvolvidos nesse fórum;

e) Ainda no contexto do COREMEC, recomenda-se que a governança contemple a possibilidade de criação de grupos ou subgrupos temáticos de natureza técnica que tenham planos de trabalho estabelecidos e permanentes que permitam serem aprofundados estudos, análises e desdobradas as decisões tomadas pelo Comitê;

[14] Disponível em: https://www.correiobraziliense.com.br/app/noticia/economia/2018/12/08/internas_economia,724049/fusao-da-susep-com-a-previc-e-vista-com-bons-olhos-por-especialistas.shtml; https://www.investidorinstitucional.com.br/sessoes/suporte/regulatorio/33987-fusao-da-previc-com-susep-encorpa-com-inclusao-da-ans.html; https://www.sonhoseguro.com.br/2019/01/fusao-de-previc-e-susep-esta-suspensa-informa-o-globo/; https://www.cqcs.com.br/noticia/fusao-de-susep-e-previc-mira-capitalizacao/; https://www.infomoney.com.br/mercados/sinergias-entre-previc-e-susep-justificam-fusao-das-instituicoes-diz-presidente-da-previc/ https://www.moneytimes.com.br/previc-e-susep-apresentam-propostas-para-fusao-das-reguladoras-de-previdencia/; https://www.editoraroncarati.com.br/v2/pdf/Artigos-e-Noticias/Artigos-e-Noticias/Fusao-entre-Susep-e-Previc-fica-para-2020.pdf

f) A delegação das atribuições caracterizada pela fragmentariedade, tal como no SFN, contribui para o incremento do risco sistêmico (FREEMAN; ROSSI, 2012, p. 1148). Considerando que o COREMEC tem visão de todo o SFN e que suas competências perpassam pela manutenção da estabilidade do Sistema, recomenda-se que esse Comitê tenha atribuição específica relacionada ao monitoramento do risco sistêmico;

g) Se a opção for pela implementação ou aprimoramento dos mecanismos formais de coordenação regulatória ao invés da mera consolidação estrutural, tal como defende Teresa M. Schwartz quando se trata de sistemas regulatórios mais complexos (1975, p. 1075)[15], devem ser fortalecidos os mecanismos formais de coordenação regulatória já existentes, sem prejuízo de serem adotadas outras ferramentas com o mesmo objetivo de coordenação regulatória. A OCDE, diante da constatação da descentralização das instâncias de supervisão, também recomenda que sejam definidos mecanismos de coordenação a serem utilizados e que se evitem as sobreposições de funções (OCDE, 2022, p. 75);

h) A coordenação efetiva compõe a agenda da boa regulação. Nesse contexto da melhoria da qualidade regulatória, devem ser permanentemente perseguidos os objetivos gerais de maior eficiência da Administração Pública, de maior efetividade do SFN, além de possibilitar que exista a prestação de contas pelos agentes públicos dessas entidades. Para tanto, recomenda-se que as ferramentas formais utilizadas pelas entidades do nível de supervisão do SFN sejam por elas acompanhadas e avaliadas periodicamente a fim

15 Pela importância, transcrevemos: "Attention should be focused not upon restructuring agency jurisdictions but rather upon structuring adequate liaison relationships between the various agencies. There are marked differences in the current liaison arrangements, ranging from formalized agreements which delineate in considerable detail the jurisdictional province of each agency, to informal, ad hoc arrangements. In one case of concurrent jurisdiction, no liaison relationship has been established. These variations largely reflect the nature of the agencies' jurisdictional overlaps. Where the shared jurisdiction is complex, specific agreements are necessary to delineate responsibility; where the shared jurisdiction is very broad, informal relationships have been established. In these latter instances, more formalized working agreements appear to be desirable." (SCHWARTZ, 1975, p. 1075)

de aferir se os objetivos pretendidos foram alcançados, por meio de parâmetros e métricas adequados, considerando todos os recursos empenhados para seu funcionamento;

i) O objetivo principal de maior coordenação entre as autarquias especiais do SFN implica na superação da assimetria informacional existente, a fim de que passem a funcionar em rede e de forma cooperativa e articulada. O insumo que viabiliza o funcionamento de uma rede de coordenação é a informação[16]. Por isso, recomenda-se que seja aprimorado o fluxo informacional entre as autarquias especiais do SFN por meio da efetiva implementação das ferramentas de coordenação regulatória. Neste trabalho, optou-se por dar enfoque a três mecanismos comuns (celebração de acordos/convênios, consultas e normatização conjunta), mas há outros meios institucionalizados que podem contribuir para a manutenção de fluxo contínuo de trocas informacionais entre as entidades do SFN. Para tanto, recomenda-se a definição de processos de trocas e/ou o aprimoramento dos procedimentos já previstos nos acordos ou convênios firmados entre as autarquias e/ou a revisão do desenho da governança em busca de uma efetiva troca informacional;

j) A transparência em relação à forma de funcionamento dessa rede de coordenação e cooperação entre as autarquias especiais no âmbito do SFN viabiliza a operacionalização da prestação de contas (ou *accountability*) pelos agentes públicos envolvidos. A informação nutre a relação que se estabelece entre principal (partes interessadas) e agente (agentes públicos).

16 O entendimento do TCU acerca da importância da comunicação, da informação e da articulação entre atores para implementação da política pública pode ser considerado, no mesmo sentido, quando se trata da coordenação entre entidades do nível de supervisão do SFN, pois o raciocínio é similar. Pela pertinência: "Além disso, uma política pública deve primar pela comunicação em todos os seus aspectos. A existência e o incentivo a interações coordenadas entre os atores e o intercâmbio de informações entre atores governamentais e da sociedade são aspectos importantes a serem observados. Para garantir a coordenação e cooperação entre os atores com vistas a assegurar a implementação dos objetivos, a informação é essencial para a comunicação, que deve ser transparente, acessível em tempo real para todos, de modo a aumentar a confiança no governo (KETTL, 2002 apud Nota Técnica Seaud 2/2013b)" (TCU, 2014, p. 58).

Processos transparentes possibilitam que as partes interessadas tenham conhecimento acerca do *modus operandi* da rede de coordenação, assim como a divulgação das informações pelas autarquias especiais permite que os seus destinatários tenham clareza daquilo que pode ser exigido vis-à-vis os compromissos públicos assumidos. Por sua vez, os agentes públicos das entidades supervisoras se obrigam a explicar e justificar as suas condutas, considerando o sentido sociológico ou estrito de *accountability* (BOVENS, 2006, p. 11; LINDBERG, 2013, p. 209). Recomenda-se, portanto, que informações não sigilosas sejam divulgadas ao público, como, por exemplo, aquelas relacionadas às comissões ou aos subgrupos constituídos no âmbito dos comitês previstos nos acordos/convênios; à realização das reuniões de acompanhamento da execução desses acordos pelos comitês; aos planos de trabalho mencionados em alguns dos acordos/convênios como seus anexos; à agenda comum para normatização conjunta, quando for o caso; às entregas conjuntas decorrentes dessa rede de coordenação, à presidência rotativa do COREMEC; bem como às pautas das reuniões e ao planejamento estratégico com definição de prioridades relacionadas ao Comitê, dentre outros;

k) O propósito de formação e consequente consolidação de uma rede de coordenação passa pela uniformização dos processos de trocas informacionais e procedimentos. Nesse ínterim, sem prejuízo dos acordos/convênios bilaterais, deve ser avaliado se a celebração de instrumento que congregue todas as entidades do nível de supervisão pode oferecer melhor opção para atendimento do objetivo de favorecer a articulação, harmonização, cooperação e sinergia a partir dessa nova configuração de compromisso multilateral. Alternativamente, recomenda-se que seja avaliada a pertinência de haver uma previsão normativa conjunta dos entes reguladores dos mercados regulados do SFN para garantir a uniformização de processos e procedimentos de trocas informacionais, dentre outros; e

l) A coordenação regulatória decorre das interações realizadas entre todos os níveis hierárquicos das entidades da Administração Pública. A coordenação por meio de mecanismos formais favorece a evolução do modo de funcionamento em rede dessas entidades. Apesar da transversalidade da coordenação em relação às funções desempenhadas por cada autarquia especial do SFN, a priorização da coordenação (e consequentemente da coerência) regulatória passa pela atribuição institucional de funções relacionadas a esse objetivo a membro dirigente da entidade, a quem se identifique as responsabilidades de viabilizar a implementação dos mecanismos formais de coordenação regulatória, a gestão do conhecimento e à obrigação de prestar contas.

CONCLUSÕES

A política regulatória caracterizada pela coordenação dos órgãos ou entidades da Administração Pública significa a escolha pelo modelo descentralizado de organização das estruturas do Estado Brasileiro. Além disso, corresponde à estratégia adotada para mitigar ou evitar os efeitos causados pelas disfuncionalidades da delegação legislativa de competências às agências ou autarquias especiais marcada pela fragmentariedade, favorecendo, dessa forma, a coerência e maior agilidade no funcionamento dessas entidades, a prestação de serviço público de maior qualidade, sem redundâncias, que se paute pela harmonização dos procedimentos, pela racionalidade na utilização dos recursos para manutenção de todo aparato estatal e que persiga a redução dos custos para as partes interessadas.

O modelo de delegação fragmentada das atribuições às entidades do nível de supervisão do SFN segue a mesma lógica. Por isso, requer a adoção de mecanismos formais de coordenação regulatória com o intuito de mitigar ou evitar os impactos na eficiência do funcionamento das entidades, na efetividade do próprio Sistema e na prestação de contas pelos agentes públicos em razão de suas condutas, haja vista as possíveis falhas decorrentes dessa descentralização, bem como a necessidade de superação da assimetria informacional entre as autarquias.

A partir do referencial teórico sobre coordenação regulatória, da descrição dos seus mecanismos formais no âmbito do nível de supervisão do SFN e dos insumos obtidos diretamente do BCB, da CVM, da PREVIC e da SUSEP, buscou-se analisar criticamente a implementação dessas ferramentas. O resultado da análise empírica evidenciou que cabem ajustes para que a atuação conjunta dessas autarquias do SFN nas pautas afins tenha um fluxo contínuo e permanente de trocas e contribua para enrobustecer a rede de cooperação.

A doutrina referenciada, bem como as recomendações da OCDE dão conta de que a implementação de mecanismos formais de coordenação regulatória tem potencial para evitar ou mitigar disfuncionalidades identificadas no contexto da delegação fragmentada e pode contribuir para uma gestão mais adequada dos riscos dos setores regulados, incluindo o risco sistêmico que passa a ser monitorado a partir das suas várias perspectivas.

A propósito, o Relatório da OCDE de 2022 traz diagnóstico preciso e suscita a necessidade de aprimoramento da política regulatória brasileira, haja vista a deficiência da rede de cooperação existente entre as entidades e órgãos da Administração Pública do país. Estudos da OCDE e a doutrina dão conta de que houve tentativas de aprimoramento dessa rede de cooperação que não alcançaram o objetivo pretendido. Quiçá com o restabelecimento do Programa de Fortalecimento da Capacidade Institucional para Gestão em Regulação (PRO-REG) haja efetivo aprimoramento da rede de cooperação entre órgãos e entidades da Administração Pública, incluindo as entidades do SFN.

Além das pretensões geopolíticas do Brasil, a busca pela implementação dessa rede coordenada, cooperativa e articulada formada pelas entidades do nível de supervisão do SFN favorece o estabelecimento de uma agenda conjunta entre o BCB, a CVM, a PREVIC e a SUSEP para a produção normativa, o fomento dos setores, as atividades de supervisão, dentre outras vantagens que podem ser auferidas a partir da otimização do fluxo informacional e do funcionamento do modelo de coordenação.

Nesse ínterim, é possível inferir que o intuito do Estado Brasileiro de ingressar na OCDE como país-membro pode servir como catalisador para que medidas necessárias de aprimoramento do funcionamento dos mecanismos formais de coordenação regulatória do nível de supervisão do SFN sejam implementadas e, de forma concertada, as entidades atuem para consecução dos seus propósitos de criação.

Por fim, tendo em vista as fragilidades identificadas nos mecanismos formais considerados para análise, são apresentadas diretrizes que podem pautar a elaboração de propostas para o seu aprimoramento no âmbito do nível de supervisão do SFN. Essas diretrizes devem ser consideradas iniciais, uma vez que carecem de ulteriores estudos. O mérito, não obstante, é reconhecer que há um caminho factível a ser perseguido para que o funcionamento dessas estruturas da Administração Pública evolua considerando uma perspectiva que valorize a atuação conjunta em que todas as partes interessadas se beneficiem.

REFERÊNCIAS

ARANTES, Rogério Bastos. Democracia, instituições de controle e justiça sob a ótica do pluralismo estatal. Campinas: **Opinião Pública**. v. 25, n. 1, p. 97-135, 2019.

BAGLEY, Nicholas; REVESZ, Richard L. Centralized Oversight of the Regulatory State, 106 **Columbia Law Review Association**, 2006).

BALDWIN, Robert; CAVE, Martin; LODGE, Martin. **Understanding Regulation**. Oxford: OUP Oxford, 2011.

BANCO CENTRAL DO BRASIL. **Relatório de Economia Bancária - 2017**. Brasília, 2018. 137 p.

BANCO CENTRAL DO BRASIL. **Relatório de Economia Bancária - 2019**. Brasília, 2019. 213 p.

BANCO CENTRAL DO BRASIL; COMISSÃO DE VALORES MOBILIÁRIOS. **Convênio de 25 de abril de 2014**. Convênio que entre si celebram Banco Central do Brasil (BCB) e Comissão de Valores Mobiliários (CVM), com vistas ao intercâmbio de informações, à articulação e à coordenação de atividades comuns, conjuntas ou correlatas. Disponível em: http://conteudo.cvm.gov.br/export/sites/cvm/convenios/anexos/BancoCentral.PDF. Acesso em: 28 dez 202.

BANCO CENTRAL DO BRASIL; SUPERINTENDÊNCIA NACIONAL DE PREVIDÊNCIA COMPLEMENTAR. **Convênio de 16 de fevereiro de 2016**. Convênio que entre si celebram Banco Central do Brasil (BCB) e Superintendência Nacional de Previdência Complementar (PREVIC), com vistas ao intercâmbio de informações, à articulação e à coordenação de atividades comuns, conjuntas ou correlatas. Disponível em: https://www.bcb.gov.br/pre/acordos_e_convenios/Convenio_previc.pdf. Acesso em: 28 dez 2021.

BANCO CENTRAL DO BRASIL; SECRETARIA DE PREVIDÊNCIA COMPLEMENTAR. **Convênio de Cooperação de 29 de novembro de 2007**. Convênio de Cooperação que entre si celebram Banco Central do Brasil e Secretaria de Previdência Complementar, para fins de intercâmbio de informações. Disponível em: https://www.bcb.gov.br/content/acessoinformacao/convenios_docs/Conv%C3%AAnio%20-%20BCB-SPC.pdf. Acesso em: 28 dez 2021.

BENDOR, Jonathan; MEIROWITZ, Adam. Spatial Models of Delegation. **The American Political Science Review**, v. 98, nº 2, maio, 2004.

BIBER, Eric. The importance of resource allocation in administrative law. **The Administrative Law Review**, v. 60, nº 1, outono, 2008.

BINENBOJM, Gustavo. **Uma teoria do direito administrativo**: direitos fundamentais, democracia e constitucionalização. Rio de Janeiro: Renovar, 2006.

BOVENS, Mark. **Analysing and Assessing public Accountability**. A Conceptual Framework. European Governance Papers EUROGOV, 16 jan 2006.

BRADLEY, Keith. **The Design of Agency Interactions**. Columbia Law Review Association, v. 111, nº 4, maio 2011.

BRASIL. **Constituição Federal do Brasil de 1988**. Brasília, 1988.

BRASIL. **Decreto-Lei nº 1.186, de 3 de abril de 1939.** Cria o Instituto de Resseguros do Brasil. Disponível em: https://www.planalto.gov.br/ccivil_03/Decreto-Lei/1937-1946/Del1186.htm. Acesso em: 19 maio 2022.

BRASIL. **Lei nº 1.628, de 20 de junho de 1952**. Dispõe sôbre a restituição dos adicionais criados pelo art. 3º da Lei nº 1.474, de 26 de novembro de 1951, e fixa a respectiva bonificação; autoriza a emissão de obrigações da Dívida Pública Federal; cria o Banco Nacional do Desenvolvimento Econômico; abre crédito especial e dá outras providências. Disponível em: https://www.planalto.gov.br/ccivil_03/Leis/1950-1969/L1628.htm. Acesso em: 19 maio 2022.

BRASIL. **Lei nº 9.491, de 9 de setembro de 1997**. Altera procedimentos relativos ao Programa Nacional de Desestatização, revoga a Lei nº 8.031, de 12 de abril de 1990, e dá outras providências. Disponível em: https://www.planalto.gov.br/ccivil_03/LEIS/L9491.htm. Acesso em: 01 dez 2022.

BRASIL. **Decreto nº 5.685, de 25 de janeiro de 2006**. Institui o Comitê de Regulação e Fiscalização dos Mercados Financeiro, de Capitais, de Seguros, de Previdência e Capitalização - Coremec. Disponível em: https://www.planalto.gov.

br/ccivil_03/_ato2004-2006/2006/decreto/d5685.htm. Acesso em: 19 maio 2022.

BRASIL. **Medida Provisória nº 233, de 2004**. Cria a Superintendência Nacional de Previdência Complementar - PREVIC, altera a denominação do Instituto Nacional do Semi-Árido - INSA, cria e extingue cargos públicos de provimento efetivo e em comissão, e dá outras providências. Disponível em: https://www.congressonacional.leg.br/materias/medidas-provisorias/-/mpv/71915. Acesso em: 19 maio 2022.

BRASIL. **Decreto nº 10.465, de 18 de agosto de 2020**. Institui o Comitê de Regulação e Fiscalização dos Mercados Financeiro, de Capitais, de Seguros, de Previdência e Capitalização. Disponível em: https://www.gov.br/trabalho-e-previdencia/pt-br/assuntos/previdencia-complementar/legislacao/arquivos/normasefpc_decreto10465_20-08-18.pdf/view. Acesso em: 19 maio de 2022.

BRASIL. **Decreto-Lei nº 7.293, de 02 de fevereiro de 1945.** Cria a Superintendência da Moeda e do Crédito, e dá outras providências. Disponível em: https://www.planalto.gov.br/ccivil_03/decreto-lei/1937-1946/Del7293.htm. Acesso em: 19 maio 2022.

BRASIL. **Lei nº 4.380, de 21 de agosto de 1964**. Institui a correção monetária nos contratos imobiliários de interesse social, o sistema financeiro para aquisição da casa própria, cria o Banco Nacional da Habitação (BNH), e Sociedades de Crédito Imobiliário, as Letras Imobiliárias, o Serviço Federal de Habitação e Urbanismo e dá outras providências. Disponível em: https://www.planalto.gov.br/ccivil_03/Leis/L4380.htm. Acesso em: 19 maio 2022.

BRASIL. **Lei nº 4.595, de 31 de dezembro de 1964.** Dispõe sobre a Política e as Instituições Monetárias, Bancárias e Creditícias, Cria o Conselho Monetário Nacional e dá outras providências. Disponível em: https://www.planalto.gov.br/ccivil_03/Leis/L4595compilado.htm. Acesso em: 19 de maio de 2022.

BRASIL. **Decreto-Lei nº 73, de 21 de novembro de 1966.** Dispõe sobre o Sistema Nacional de Seguros Privados, regula as operações de seguros e resseguros e dá outras providências. Disponível em: https://www.planalto.gov.br/ccivil_03/decreto-lei/Del0073.htm. Acesso em: 19 maio 2022.

BRASIL. **Lei nº 6.385, de 7 de dezembro de 1976.** Dispõe sobre o mercado de valores mobiliários e cria a Comissão de Valores Mobiliários. Disponível em: https://www.planalto.gov.br/ccivil_03/leis/L6385.htm. Acesso em: 19 maio 2022.

BRASIL. Congresso Nacional. **Lei Federal nº 9.784 de 29 de janeiro de 1999.** Regula o processo administrativo no âmbito da Administração Pública Federal. Disponível em: https://www.planalto.gov.br/ccivil_03/LEIS/L9784.htm. Acesso em: 28 dez 2021.

BRASIL. **Lei Complementar nº 105, de 10 de janeiro de 2001.** Dispõe sobre o sigilo das operações de instituições financeiras e dá outras providências. Disponível em: https://www.planalto.gov.br/ccivil_03/Leis/LCP/Lcp105.htm. Acesso em: 01 dez 2022.

BRASIL. **Lei Complementar nº 109, de 29 de maio de 2001.** Dispõe sobre o Regime de Previdência Complementar e dá outras providências. Disponível em: https://www.planalto.gov.br/ccivil_03/leis/LCP/Lcp109.htm#ART79. Acesso em: 01 dez 2022.

BRASIL. Congresso Nacional. **Lei nº 10.406, de 10 de janeiro de 2002.** Institui o Código Civil. Disponível em: Acesso em: https://www.planalto.gov.br/ccivil_03/LEIS/2002/L10406compilada.htm. 28 dez 2021.

BRASIL. **Lei Complementar nº 126, de 15 de janeiro de 2007.** Dispõe sobre a política de resseguro, retrocessão e sua intermediação, as operações de co-seguro, as contratações de seguro no exterior e as operações em moeda estrangeira do setor securitário; altera o Decreto-Lei no 73, de 21 de novembro de 1966, e a Lei no 8.031, de 12 de abril de 1990; e dá outras providências. Disponível em: https://www.planalto.gov.br/ccivil_03/Leis/LCP/Lcp126.htm. Acesso em: 01 dez 2022.

BRASIL. **Lei nº 12.154, de 23 de dezembro de 2009.** Cria a Superintendência Nacional de Previdência Complementar - PREVIC e dispõe sobre o seu pessoal; inclui a Câmara de Recursos da Previdência Complementar na estrutura básica do Ministério da Previdência Social; altera disposições referentes a auditores-fiscais da Receita Federal do Brasil; altera as Leis nos 11.457, de 16 de março de 2007, e 10.683, de 28 de maio de 2003; e dá outras providências. Disponível em: https://www.planalto.gov.br/ccivil_03/_Ato2007-2010/2009/Lei/L12154.htm. Acesso em: 19 maio 2022.

BRASIL. Congresso Nacional. **Lei nº 12.154, de 23 de dezembro de 2009.** Cria a Superintendência Nacional de Previdência Complementar - PREVIC e dispõe sobre o seu pessoal; inclui a Câmara de Recursos da Previdência Complementar na estrutura básica do Ministério da Previdência Social; altera disposições referentes a auditores-fiscais da Receita Federal do Brasil; altera as Leis nos

11.457, de 16 de março de 2007, e 10.683, de 28 de maio de 2003; e dá outras providências. Disponível em: https://www.planalto.gov.br/ccivil_03/_Ato2007-2010/2009/Lei/L12154.htm. Acesso em: 28 dez 2021.

BRASIL. **Lei nº 12.527, de 18 de novembro de 2011.** Regula o acesso a informações previsto no inciso XXXIII do art. 5º, no inciso II do § 3º do art. 37 e no § 2º do art. 216 da Constituição Federal; altera a Lei nº 8.112, de 11 de dezembro de 1990; revoga a Lei nº 11.111, de 5 de maio de 2005, e dispositivos da Lei nº 8.159, de 8 de janeiro de 1991; e dá outras providências. Disponível em: https://www.planalto.gov.br/ccivil_03/_ato2011-2014/2011/lei/l12527.htm. Acesso em: 20 maio 2022.

BRASIL. **Lei nº 13.709, de 14 de agosto de 2018.** Lei Geral de Proteção de Dados Pessoais (LGPD). Disponível em: https://www.planalto.gov.br/ccivil_03/_ato2015-2018/2018/lei/l13709.htm. Acesso em: 01 dez 2022.

BRASIL. **Decreto nº 10.046, de 9 de outubro de 2019.** Dispõe sobre a governança no compartilhamento de dados no âmbito da administração pública federal e institui o Cadastro Base do Cidadão e o Comitê Central de Governança de Dados. Disponível em: https://www.planalto.gov.br/ccivil_03/_Ato2019-2022/2019/Decreto/D10046.htm. Acesso em: 01 dez 2022.

BRASIL. Congresso Nacional. **Lei nº 13.848, de 25 de junho de 2019.** Dispõe sobre a gestão, a organização, o processo decisório e o controle social das agências reguladoras, altera a Lei nº 9.427, de 26 de dezembro de 1996, a Lei nº 9.472, de 16 de julho de 1997, a Lei nº 9.478, de 6 de agosto de 1997, a Lei nº 9.782, de 26 de janeiro de 1999, a Lei nº 9.961, de 28 de janeiro de 2000, a Lei nº 9.984, de 17 de julho de 2000, a Lei nº 9.986, de 18 de julho de 2000, a Lei nº 10.233, de 5 de junho de 2001, a Medida Provisória nº 2.228-1, de 6 de setembro de 2001, a Lei nº 11.182, de 27 de setembro de 2005, e a Lei nº 10.180, de 6 de fevereiro de 2001. Disponível em: https://www.planalto.gov.br/ccivil_03/_Ato2019-2022/2019/Lei/L13848.htm. Acesso em: 15 fev 2022.

BRASIL. Congresso Nacional. **Lei nº 13.874, de 20 de setembro de 2019.** Institui a Declaração de Direitos de Liberdade Econômica; estabelece garantias de livre mercado; altera as Leis nos 10.406, de 10 de janeiro de 2002 (Código Civil), 6.404, de 15 de dezembro de 1976, 11.598, de 3 de dezembro de 2007, 12.682, de 9 de julho de 2012, 6.015, de 31 de dezembro de 1973, 10.522, de 19 de julho de 2002, 8.934, de 18 de novembro 1994, o Decreto-Lei nº 9.760, de 5 de setembro de 1946 e a Consolidação das Leis do Trabalho, aprovada pelo Decreto-Lei nº

5.452, de 1º de maio de 1943; revoga a Lei Delegada nº 4, de 26 de setembro de 1962, a Lei nº 11.887, de 24 de dezembro de 2008, e dispositivos do Decreto-Lei nº 73, de 21 de novembro de 1966; e dá outras providências. Disponível em: https://www.planalto.gov.br/ccivil_03/_Ato2019-2022/2019/Lei/L13874.htm. Acesso em: 28 dez 2021.

BRASIL. Congresso Nacional. **Lei Federal nº 14.210, de 30 de setembro de 2021.** Acrescenta o Capítulo XI-A à Lei nº 9.784, de 29 de janeiro de 1999, para dispor sobre a decisão coordenada no âmbito da administração pública federal. Disponível em: https://www.planalto.gov.br/ccivil_03/_Ato2019-2022/2021/Lei/L14210.htm. Acesso em: 28 dez 2021.

BRASIL. Congresso Nacional. **Lei Complementar nº 179, de 24 de fevereiro de 2021.** Define os objetivos do Banco Central do Brasil e dispõe sobre sua autonomia e sobre a nomeação e a exoneração de seu Presidente e de seus Diretores; e altera artigo da Lei nº 4.595, de 31 de dezembro de 1964. Disponível em: https://www.planalto.gov.br/Ccivil_03/leis/LCP/Lcp179.htm. Acesso em: 28 dez 2021.

BRASIL. Tribunal de Contas da União. Referencial para Avaliação de Governança em Políticas Públicas. Brasília: TCU, 2014.

BRASIL. Tribunal de Contas da União. Referencial básico de governança aplicável a organizações públicas e outros entes jurisdicionados ao TCU. Tribunal de Contas da União. Edição 3 - Brasília: TCU, Secretaria de Controle Externo da Administração do Estado – SecexAdministração, 2020.

BRASIL. Tribunal de Contas da União. Referencial de controle de políticas públicas. Tribunal de Contas da União. – Brasília: TCU, Secretaria de Controle Externo do Desenvolvimento Econômico (SecexDesenvolvimento), Secretaria de Métodos e Suporte ao Controle Externo (Semec) e Secretaria de Macroavaliação Governamental (Semag), 2020.

BRASIL. Tribunal de Contas da União. Referencial para avaliação de governança multinível em políticas públicas descentralizadas. Tribunal de Contas da União, Instituto Rui Barbosa, Associação dos Membros dos Tribunais de Contas do Brasil – Brasília: TCU, Secretaria-Geral de Controle Externo (Segecex), Secretaria de Controle Externo da Educação (SecexEduc), 2021.

BRESSMAN, Lisa Schultz; THOMPSON, Robert B. The Future of Agency Independence. **Vanderbilt Law Review**, v. 63, p. 599-672, 2010.

CARVALHO FILHO, José dos Santos. **Manual de Direito Administrativo**. 15. ed. rev. e atual. Rio de Janeiro: Lumen Juris, 2006.

CHEVALLIER, Jacques. **O estado pós-moderno**. Tradução: Marçal Justen Filho. Belo Horizonte: Fórum, 2009.

COGLIANESE, Cary. Presidential Control of Administrative Agencies: A Debate over Law or Politics. **Journal of Constitutional Law**, v. 12, p. 637-649, fev 2010.

COGLIANESE, Cary. **Measuring Regulatory Performance**: evaluating the impact of regulation and regulatory policy. OECD, ago 2012.

COMISSÃO DE VALORES MOBILIÁRIOS; SUPERINTENDÊNCIA NACIONAL DE PREVIDÊNCIA COMPLEMENTAR. **Acordo de Cooperação Técnica**. Acordo de Cooperação Técnica que entre si celebram a Superintendência Nacional de Previdência Complementar (PREVIC) e Comissão de Valores Mobiliários (CVM), com vistas ao intercâmbio de informações, à articulação e à coordenação de atividades comuns, conjuntas ou correlatas. Disponível em: http://conteudo.cvm.gov.br/export/sites/cvm/convenios/anexos/PREVIC.pdf. Acesso em: 28 dez 2021.

COMISSÃO DE VALORES MOBILIÁRIOS; SUPERINTENDÊNCIA DE SEGUROS PRIVADOS. **Convênio de 04 de abril de 2006**. Convênio que entre si celebram a Comissão de Valores Mobiliários e a Superintendência de Seguros Privados, relativo à ação coordenada de suas atividades de supervisão, bem como ao intercâmbio de informações e outras atividades correlatas. Disponível em: http://conteudo.cvm.gov.br/export/sites/cvm/convenios/anexos/SUSEP.pdf. Acesso em: 28 dez 2021.

COOPER, Iver P. The FDA, the BATF, and Liquor Labeling: A Case Study of Interagency Jurisdictional Conflict. **Food Drug Cosmetic Law Journal**, p. 370-390, jul. 1979.

COOTER, Robert B.; ULEN, Thomas. **Law and Economics**. 6. ed. Boston: Pearson Addison-Wesley, 2012.

CUNHA, Bruno Queiroz. (Re)Contextualizando a Governança Regulatória: uma visão sistêmica de problemas de "segunda geração". **Boletim de Análise Político-Institucional**, nº 19, dez 2018.

CUNHA, Bruno Queiroz; GOMIDE, Alexandre de Ávila; KARAM, Ricardo Antônio de Souza. Governança e capacidade regulatória: notas de pesquisa. **Boletim de Análise Político-Institucional**, n. 10, jul/dez, 2016.

DA ROS, Luciano. *Accountability* legal e Corrupção. **Revista da Controladoria Geral da União**, v. 11, n. 20, p. 1251-1275.

DAHL, Robert A. **Poliarquia**: participação e oposição. Tradução: Celso Mauro Paciornik. São Paulo: Editora da Universidade de São Paulo (EDUSP), 2005.

EIZIRIK, Nelson; GAAL, Ariádna B; PARENTE, Flávia; HENRIQUES, Marcus de Freitas, **Mercado de Capitais**: Regime Jurídico, São Paulo: Quartier Latin, 4ª ed, 2019.

ERLING, Marlos Lopes Godinho. **Regulação do Sistema Financeiro Nacional**: desafios e propostas de aprimoramento institucional. São Paulo: Almedina, 2015.

FREEMAN, Jody; ROSSI, Jim. **Agency Coordination in Shared Regulatory Space**, Harvard Law Review, v. 125, n. 5, mar 2012.

GOERTZ, Gary. **Social Science Concepts**: A User's Guide. Princeton: Princeton University Press, 2005.

GONÇALVES, Robson Ribeiro; SOUZA, Cristóvão Pereira. **Sistema Financeiro Nacional**. Rio de Janeiro: FGV Editora, 2018.

GONÇALVES, Vinicius Aquini. A supervisão complementar de conglomerados financeiros: características e desafios. Porto: **Revista Jurídica Portucalense**, 2021.

GUERRA, Sérgio. **Discricionariedade, regulação e reflexividade:** uma nova teoria sobre as escolhas administrativas. 5ª. ed. 1ª. Tir. Belo Horizonte: Fórum, 2019.

GUERRA, Sérgio. **Agências reguladoras**: da organização administrativa piramidal à governança em rede. 2ª ed. Belo Horizonte: Fórum, 2021.

GRAU, Eros Roberto. **A ordem econômica na Constituição de 1988**. 7ª ed. São Paulo: Malheiros, 2002.

GREENE, Robert W. Improving U.S. Financial Regulation through OIRA Review & Robust Regulatory Analysis Standards. **Rutgers Journal of Law & Public Policy**, vol. 14, nº 1, 2016.

HELLWIG, Guilherme Centenaro. **A coordenação regulatória internacional na área financeira**: uma análise sob a perspectiva do direito internacional público. Dissertação (Mestrado em Direito) – Faculdade de Direito, Universidade Federal do Rio Grande do Sul. Porto Alegre: 2011.

IPEA. **Boletim de Análise Político-Institucional**. Brasília: Ipea, 2011

JACOBZONE, Stephane; CHOI, Chang – wong; MIGUET, Claire. **Indicators of Regulatory Management Systems**. OECD Working Papers on Public Governance, n. 4. Paris: OECD Publishing, Paris, 2007. Disponível em: https://doi.org/10.1787/112082475604. Acesso em: 01 dez 2022.

KOOP, Christel; LODGE, Martin. What is regulation? An interdisciplinary concept analysis. Regulation & Governance, v. 11, p. 95-108, mar 2017.

LACOMBE DA CUNHA, M. F. Breves considerações sobre a nova Lei Geral das Agências Reguladoras: principais aspectos e inovações. **Revista CEJ**, v. 23, n. 78, 9 mar. 2020.

LIEBERMAN, Robert C. Private Power and American Bureaucracy: The State, the EEOC, and Civil Rights Enforcement. *In*: SPARROW, James T.; NOVAK, William J; SAWYER, Stephen W. **Boundaries of the State in US History**. Chicago: The University of Chicago Press, 2015.

LINDBERG, Staffan I. Mapping accountability: core concept and subtypes. **International Review of Administrative Sciences**, 2013.

LOUREIRO, Maria Rita *et al*. Do controle interno ao controle social: A múltipla atuação da CGU na democracia Brasileira. São Paulo: **Cadernos Gestão Pública e Cidadania**, v. 17, n. 60, Jan-Jun. 2012.

MACIEL, Caroline Stéphanie Francis dos Santos. Articulação administrativa: por uma reforma cultural da administração pública. Revista de Direito Administrativo [Recurso Eletrônico]. Belo Horizonte, v.280, n.2, maio/ago. 2021. Disponível em: https://dspace.almg.gov.br/handle/11037/41664. Acesso em: 10 set. 2021.

MAJONE, Giandomenico. Do estado positivo ao estado regulador. *In*: MATTOS, Paulo Todescan Lessa (coord). **Regulação Econômica e Democracia**: o debate europeu. 2ª ed. São Paulo: RT, 2017.

MANKIW, Gregory N. **Introdução à Economia**: princípios de micro e macroeconomia. Tradução Maria José Cyhlar Monteiro. 2 ed. original. Rio de Janeiro: Elsevier, 2001.

MARISAM, Jason. Duplicative Delegations. **Administrative Law Review**, v. 63, nº 2, 2011.

MARTINS DA SILVA, Américo Luis. **Direito dos Mercados Financeiros Volume 1**: Mercado Financeiro, Sistema Financeiro Nacional e Instituições Financeiras. Independently Published, 4 out 2015.

MEDAUAR, Odete. **O direito administrativo em evolução.** 3ª. ed. São Paulo: RT, 2016.

MELLO, Célia Cunha**. O fomento da administração pública**. Belo Horizonte: Del Rey, 2003.

MENDONÇA, José Vicente dos Santos. **Direito constitucional econômico.** 2ª ed. Belo Horizonte: Fórum, 2018.

MENDONÇA, José Vicente dos Santos. **Intervenção do Estado no domínio econômico**. Enciclopédia jurídica da PUC-SP. Celso Fernandes Campilongo, Alvaro de Azevedo Gonzaga e André Luiz Freire (coord.). Tomo: Direito Administrativo e Constitucional. Vidal Serrano Nunes Jr., Maurício Zockun, Carolina Zancaner Zockun, André Luiz Freire (coord. de tomo). 1. ed. São Paulo: Pontifícia Universidade Católica de São Paulo, 2017. Disponível em: https://enciclopediajuridica.pucsp.br/verbete/109/edicao-1/intervencao-do-estado--no-dominio-economico-. Acesso em 12 dez 2022.

MIRANDA, Rowan; LERNER, Allan. Bureaucracy, Organizational Redundancy, and the Privatization of Public Services. **Public Administration Review**. v. 55, nº 2, mar-abr 1995.

MODESTO, Paulo. **Decisão coordenada**: experimentação administrativa processual. ConJur, 02 dez 2021. Disponível em: https://www.conjur.com.br/2021-dez-02/interesse-publico-decisao-coordenada-experimentacao-administrativa-processual. Acesso em: 03 jan 2022.

MOREIRA NETO, Diogo de Figueiredo. **Mutações do direito público**. Rio de Janeiro: Renovar, 2006.

O'CONNELL, Anne Joseph. The Architecture of Smart Intelligence: Structuring and Overseeing Agencies in the Post-9/11 World, **California Law Review**, v. 94, nº 6, 2006.

O'DONNELL, G. Accountability horizontal e novas poliarquias. **Lua Nova: Revista de Cultura e Política**, nº 44, 1998.

O'DONNELL, G. Horizontal accountability. The legal institutionalization of mistrust. In Mainwaring, S., & Welna, C. (Eds.). **Democratic accountability in Latin America**. Oxford: Oxford University Press, p. 34–54, 2003.

OECD. **The OECD Report on Regulatory Reform**: Synthesis. Paris, 1997. Disponível em: https://www.oecd-ilibrary.org/governance/the-oecd-report-on-regulatory-reform_9789264189751-en. Acesso em: 01 dez 2022.

OECD. **OECD Regulatory Policy Outlook 2015**. Paris: OECD Publishing, 2015. http://dx.doi.org/10.1787/9789264238770-en

OECD. **Recommendation of the Council on Improving the Quality of Government Regulation**. OECD, 1995. Disponível em: https://www.oecd.org/officialdocuments/publicdisplaydocumentpdf/?doclanguage=en&cote=OCDE/GD(95)95. Acesso em: 01 dez 2022.

OECD. **Policy Framework for Effective and Efficient Financial Regulation**: general guidance and high-level checklist. 2010. https://www.oecd-ilibrary.org/policy-framework-for-effective-and-efficient-financial-regulation_5kmn0vkxwng1.pdf?itemId=%2Fcontent%2Fpaper%2Ffmt-2009-5kmn0vkxwng1&mimeType=pdf. Acesso em: 03 jan 2022.

OECD. **Guiding Principles for Regulatory Quality and Performance**. 2008. Disponível em: https://www.oecd.org/fr/reformereg/34976533.pdf. Acesso em: 03 jan 2022.

OECD. **Recommendation of the Council on Regulatory Policy and Governance**. Paris: OECD Publishing, 2012.

OECD. **Reforma Regulatória no Brasil**. Paris: OECD Publishing, 2022. https://doi.org/10.1787/f7455d72 pt

ORBACH, Barak. What is Regulation? **Yale Journal on Regulation Online**, Vol. 30:1, 2012.

PAULA, A. C. M. P. S. Coordenação Regulatória no Sistema Financeiro Nacional e Análise da Lei 14.210/2021. **Revista da Procuradoria-Geral do Banco Central**. Brasília: BCB. v. 16. n. 1, p. 37-52, Jun 22.

PECI, Alketa. Avaliação do impacto regulatório e sua difusão no contexto brasileiro. São Paulo: **RAE**, v. 51, n. 4, p. 336-348, jul/ago 2011.

PINDYCK, Robert S; RUBINFELD, Daniel L. (trad. Daniel Vieira, rev téc Edgard Mello, Julio Pires). **Microeconomia**. São Paulo: Pearson Education do Brasil, 8ª ed, 2013.

PINHEIRO, Armando Castelar; SADDI, Jairo. Direito, Economia e Mercados. Rio de Janeiro: Elsevier, 2005.

PINHO, Diva Benevides; VASCONCELLOS, Marco Antonio S. de; TONETO JR, Rudinei (Org). **Manual de economia**. São Paulo: Saraiva; 7 ed, 2017.

PORTO, Antônio José Maristrello; GAROUPA, Nuno. **Curso de análise econômica do direito.** São Paulo: Atlas, 2020. ISBN 978-85-97-02505-7.

PROSSER, Tony. Two visions of regulation. *In*: University College Dublin (Org). **Regulation in the Age of Crisis**, jun 2010. p. 1-6.

RAGAZZO, Carlos. Coordenação efetiva e sistematização: novas tendências da melhora da qualidade regulatória no Brasil. **Revista Estudos Institucionais**, v. 4, n. 2, p. 513-536, 2018.

RENDA, Andrea Renda; CASTRO, Rosa; HERNÁNDEZ, Guillermo. **OECD Regulatory Policy Working Papers No. 17**: Defining and Contextualising Regulatory Oversight and Co-ordination. Paris: OECD Publishing, 2022. Disponível em: https://doi.org/10.1787/a4225b62-en. Acesso em: 01 dez 2022.

RIBEIRO, Bruno Martins Guedes. Reflexões sobre o modelo brasileiro de intervenção econômica: entre o Estado Empresário e o Estado Regulador. *In*: GUERRA, Sergio (Org.). **Teoria do Estado Regulador**. Curitiba: Juruá, 2019. v. 4.

RIBEIRO, Leandro Molhano. Estudos Empíricos no Direito: questões metodológicas. In: José Ricardo Cunha (org.). Poder Judiciário: novos olhares sobre gestão e jurisdição. Rio de Janeiro: Editora da FGV, 2010.

RODRIGUES, Eduardo Calasans. Coordenação regulatória e AIR como instrumentos para aproximação entre regulação e políticas públicas. *In*: HACHEM, Daniel Wunder; LEAL, Fernando; SANTOS DE MENDONÇA, José Vicente (org). **Transformações do direito administrativo**: o estado administrativo

30 anos depois da constituição de 1988. Rio de Janeiro: Escola de Direito do Rio de Janeiro da Fundação Getúlio Vargas, 2018.

RODRIGUES, Fabiana Alves (2019). **Operação Lava Jato**: aprendizado institucional e ação estratégica na Justiça Criminal. Dissertação (Mestrado) – Faculdade de Filosofia, Letras e Ciências Humanas, Universidade de São Paulo, São Paulo, 2019.

SALINAS, Natasha Schmitt Caccia; GOMES, Lucas Thevenard. **A política regulatória brasileira em face das recentes recomendações da OCDE**. Consultor Jurídico (CONJUR), 02 abr 2022. Disponível em: https://www.conjur.com.br/2022-abr-02/salinas-gomes-recentes-recomendacoes-ocde. Acesso em: 20 maio 2022.

SEIDENFELD, Mark. The Psychology of Accountability and Political Review of Agency Rules. **Duke Law Journal**, v. 51, nº. 3, Thirty-First Annual Administrative Law Issue, dez 2001.

SMITH, Adam. **A riqueza das nações**: investigação sobre sua natureza e suas causas. São Paulo: Editora Nova Cultural Ltda, 1996. Tradução de Luiz João Baraúna.

SOUTO, Marcos Jurena Villela. **Direito Administrativo Regulatório.** 2ª ed. Rio de Janeiro: Editora Lumen Juris, 2005.

SIRICO JR., Louis. Agencies in Conflict: Overlapping Agencies and the Legitimacy of the Administrative Process, Vanderbilt Law Review, v. 101, nº 33, 1980.

VIEGAS, Rafael Rodrigues *et al.* A comunicação dos Tribunais de Contas e Ministérios Públicos nas redes sociais: os desafios da *accountability* na democracia digital.

SUNSTEIN, Cass. After the rights revolution: reconceiving the regulatory state. Cambridge: Harvard University Press, 1990.

ANEXOS

Anexo 1

SOLICITAÇÃO ENVIADA À CVM

Resumo

Pesquisa acadêmica de pesquisa sobre coordenação regulatória no Sistema Financeiro Nacional (SFN), com foco nas instâncias de supervisão (SUSEP, PREVIC, CVM, BCB).

Fale aqui

Prezado (a),

Eu, Ana Carolina Mello Pereira da Silva de Paula, sou mestranda em Direito da Regulação da Fundação Getúlio Vargas – FGV e estou desenvolvendo um trabalho acadêmico de pesquisa sobre coordenação regulatória no Sistema Financeiro Nacional (SFN), com foco nas instâncias de supervisão (SUSEP, PREVIC, CVM, BCB).

A literatura sobre coordenação regulatória menciona algumas das ferramentas de coordenação formais e funcionais consideradas mais comuns, a saber: as consultas; a celebração de acordos ou de memorandos de entendimento; e a elaboração normativa conjunta. Um quarto mecanismo de coordenação regulatória é a existência de uma estrutura que tenha esse propósito de articulação ou coordenação (FREEMAN; ROSSI, 2012, p.1155).

No contexto da pesquisa, verificamos a existência de mecanismos formais de coordenação regulatória estabelecidos entre as autarquias especiais do SFN.

Por esse motivo, solicito a colaboração de V.Sa. para apresentar as respostas aos questionamentos, a fim de viabilizar parte relevante da nossa análise.

I - Acordos ou convênios

1. Verificamos a celebração de convênios entre a CVM e demais autarquias especiais (convênios CVM/SUSEP, CVM/PREVIC, CVM/BCB) antes da edição do Decreto nº 10.046, de 9 de outubro de 2019, que, nos termos do seu artigo 5º, dispensou a necessidade de "celebração de convênio, acordo de cooperação técnica ou instrumentos congêneres para a efetivação do compartilhamento de dados entre os órgãos e as entidades" da administração pública federal direta, autárquica e fundacional e os demais Poderes da União, desde que observadas as diretrizes definidas nessa norma e o disposto na Lei nº 13.709, 14 de agosto de 2018, conhecida por Lei Geral de Proteção de Dados.

1.1. Solicitamos a ratificação da vigência do convênio celebrado entre CVM e SUSEP em 04 de abril de 2006.

1.1.1. Caso o instrumento referido não esteja vigendo, solicitamos a disponibilização do convênio atualmente em vigor.

1.2. Solicitamos a ratificação da vigência do convênio celebrado entre CVM e PREVIC em 13 de março de 2018.

1.2.1. Caso o instrumento referido não esteja vigendo, solicitamos a disponibilização do convênio atualmente em vigor.

1.3. Solicitamos a ratificação da vigência do convênio celebrado entre CVM e BCB em 25 de abril de 2014.

1.3.1. Caso o instrumento referido não esteja vigendo, solicitamos a disponibilização do convênio atualmente em vigor.

2. Existem parâmetros (ou métricas) definidos para acompanhamento da execução dos acordos/convênios de cooperação/colaboração firmados entre a CVM e demais autarquias especiais? Quais são esses parâmetros ou métricas?

3. Em quais prazos os acordos/convênios de cooperação/colaboração firmados entre a CVM e demais autarquias especiais são reavaliados no âmbito da CVM?

II - Consultas

4. Quanto à consulta, mecanismo de coordenação regulatória, no âmbito da instância supervisora da CVM, quais são os procedimentos e em que situações eventualmente são realizadas? Nesse caso, refiro-me às consultas realizadas às congêneres da CVM.

III - Normatização conjunta

5. Quanto à normatização conjunta e naquilo que compete à instância de supervisão, as atribuições da CVM que guardem relação com as atribuições de outras autarquias especiais já foram mapeadas com o objetivo de edição de regras conjuntas?

5.1. Na hipótese de já terem sido mapeados os assuntos para normatização conjunta, solicitamos informações quanto aos critérios utilizados para identificação do potencial de normatização conjunta entre autarquias especiais.

5.2. Na hipótese de já terem sido mapeados os assuntos afins para normatização conjunta, qual a periodicidade para reavaliação dos objetivos e da execução da agenda conjunta de normatização entre CVM e demais autarquias?

5.3. As prioridades e o planejamento da normatização conjunta encontram-se disponíveis para o público em geral? Onde é possível obtê-las?

IV - COREMEC

6. Quanto ao COREMEC, as reuniões ordinárias têm ocorrido com a periodicidade semestral?

(...)"

Anexo 2

RESPOSTA RECEBIDA DA CVM

"Prezada,

É possível acessar todos os acordos de cooperação e convênios firmados pela CVM através do link: https://conteudo.cvm.gov.br/convenios/index.html.

Todos os convênios citados pela requerente estão em vigor, e podem ser acessados no link acima. Sobre os parâmetros e métricas para acompanhar os referidos instrumentos, destacamos que usualmente é feito por meio da avaliação de cumprimento dos Planos de Trabalho estabelecidos nesses acordos e que, em regra, constam como anexos desses instrumentos. Essa prática, entretanto, é mais recente e não será vista em convênios mais antigos (como o com a Susep de 2006).

A reavaliação desses instrumentos é realizada dentro dos prazos de validade estabelecidos em cada documento.

Em relação às consultas, fazemos uso tanto de mecanismos formais, como reuniões periódicas, como as interações informais entre as instituições, no âmbito das governanças estabelecidas respectivamente em cada um dos acordos de cooperação ou convênios com outros órgãos reguladores. Em regra, tais consultas são cursadas com alguns objetivos específicos, dos quais destacamos (i) os subsídios para a elaboração de normatização de um órgão regulador convenente que gere impactos ou repercussões no âmbito da jurisdição do outro órgão regulador convenente, e (ii) subsídios para a elaboração de documentos de natureza interpretativa conjunta, como os cinco Ofícios Circulares Conjuntos emitidos pela SIN/CVM em conjunto com a subsecretaria de regimes próprios de previdência social de Estados e Municípios ("SEPRT").

Em relação aos aspectos de normatização conjunta, não temos um mapeamento de atribuições da CVM que guardem relação com as atribuições de outras autarquias especiais com o objetivo de edição de regras conjuntas. Essa avaliação é feita caso a caso, a partir do momento em que determinado assunto que carece de regulamentação é priorizado e se transforma em um projeto de normatização. É possível entender melhor o nosso processo normativo através do link: https://conteudo.cvm.gov.br/legislacao/resolucoes/resol067.html.

Por fim, em atenção ao questionamento sobre as reuniões do COREMEC, informamos que elas são realizadas com periodicidade semestral.

Finalmente, informamos que, da presente manifestação, de acordo com o disposto no art. 21, § único, do Decreto nº 7.724/12, poderá ser interposto recurso ao Superintendente Geral da CVM, via SIC, no prazo de 10 dias, contados do recebimento desta decisão."

Anexo 3
SOLICITAÇÃO ENVIADA AO BCB

Resumo

Pesquisa acadêmica de pesquisa sobre coordenação regulatória no Sistema Financeiro Nacional (SFN), com foco nas instâncias de supervisão (SUSEP, PREVIC, CVM, BCB).

Fale aqui

Eu, Ana Carolina Mello Pereira da Silva de Paula, sou mestranda em Direito da Regulação da Fundação Getúlio Vargas – FGV e estou desenvolvendo um trabalho acadêmico de pesquisa sobre coordenação regulatória no Sistema Financeiro Nacional (SFN), com foco nas instâncias de supervisão (SUSEP, PREVIC, CVM, BCB).

A literatura sobre coordenação regulatória menciona algumas das ferramentas de coordenação formais e funcionais consideradas mais comuns, a saber: as consultas; a celebração de acordos ou de memorandos de entendimento; e a elaboração normativa conjunta. Um quarto mecanismo de coordenação regulatória é a existência de uma estrutura que tenha esse propósito de articulação ou coordenação (FREEMAN; ROSSI, 2012, p.1155).

No contexto da pesquisa, verificamos a existência de mecanismos formais de coordenação regulatória estabelecidos entre as autarquias especiais do SFN.

Por esse motivo, solicito a colaboração de V.Sa. para apresentar as respostas aos questionamentos, a fim de viabilizar parte relevante da nossa análise.

I - Acordos ou convênios

1. Verificamos a celebração de convênios entre o BCB e demais autarquias especiais do SFN (convênios BCB/SUSEP, BCB/PREVIC, BCB/CVM) antes da edição do Decreto nº 10.046, de 9 de outubro de 2019, que, nos termos do seu artigo 5º, dispensou a necessidade de "celebração de convênio, acordo de cooperação técnica ou instrumentos congêneres para a efetivação do compartilhamento de dados entre os órgãos e as entidades" da administração pública federal direta, autárquica e fundacional e os demais Poderes da União, desde que observadas as diretrizes definidas nessa norma e o disposto na Lei nº 13.709, 14 de agosto de 2018, conhecida por Lei Geral de Proteção de Dados.

1.1. Solicitamos a ratificação da vigência do convênio celebrado entre BCB e SUSEP em 14 de julho de 2005.

1.1.1. Caso o instrumento referido não esteja vigendo, solicitamos a disponibilização do convênio atualmente em vigor.

1.2. Solicitamos a ratificação da vigência do convênio celebrado entre BCB e PREVIC em 16 de fevereiro de 2016.

1.2.1. Caso o instrumento referido não esteja vigendo, solicitamos a disponibilização do convênio atualmente em vigor.

1.3. Solicitamos a ratificação da vigência do convênio celebrado entre BCB e CVM em 25 de abril de 2014.

1.3.1. Caso o instrumento referido não esteja vigendo, solicitamos a disponibilização do convênio atualmente em vigor.

2. Existem parâmetros (ou métricas) definidos para acompanhamento da execução dos acordos/convênios de cooperação/colaboração firmados entre o BCB e demais autarquias especiais? Quais são esses parâmetros ou métricas?

3. Em quais prazos os acordos/convênios de cooperação/colaboração firmados entre o BCB e demais autarquias especiais são reavaliados no âmbito do BCB?

II - Consultas

4. Quanto à consulta, mecanismo de coordenação regulatória, no âmbito da instância supervisora do BCB, quais são os procedimentos e em que situações eventualmente são realizadas? Nesse caso, refiro-me às consultas realizadas às congêneres do BCB.

III - Normatização conjunta

5. Quanto à normatização conjunta e naquilo que compete à instância de supervisão, as atribuições do BCB que guardem relação com as atribuições de outras autarquias especiais já foram mapeadas com o objetivo de edição de regras conjuntas?

5.1. Na hipótese de já terem sido mapeados os assuntos para normatização conjunta, solicitamos informações quanto aos critérios utilizados para identificação do potencial de normatização conjunta entre autarquias especiais.

5.2. Na hipótese de já terem sido mapeados os assuntos afins para normatização conjunta, qual a periodicidade para reavaliação dos objetivos e da execução da agenda conjunta de normatização entre BCB e demais autarquias?

5.3. As prioridades e o planejamento da normatização conjunta encontram-se disponíveis para o público em geral? Onde é possível obtê-las?

IV - COREMEC

6. Quanto ao COREMEC, as reuniões ordinárias têm ocorrido com a periodicidade semestral desde a sua recriação pelo Decreto nº 10.465/2020?

7. Onde podem ser acessadas a agenda e a pauta das reuniões?

8. O conhecimento acerca de qual autarquia especial exerce a presidência anual do COREMEC é objeto de divulgação ao público? Onde essa informação pode ser acessada?

9. As prioridades do COREMEC para cada mandato são públicas? No caso de resposta afirmativa, onde podem ser encontradas?

10. Desde a sua recriação pelo Decreto nº 10.465/2020, quais atos normativos foram editados além da Resolução COREMEC nº 01/2020 e onde podem ser acessados?

11. O COREMEC emite pronunciamentos conjuntos ou recomendações conjuntas? Se houver, esses documentos são públicos? Onde podem ser acessados?

(...)"

Anexo 4

RESPOSTA RECEBIDA DO BCB

"Prezada senhora,

Seguem as respostas aos seus questionamentos.

I - Acordos ou convênios

1.1) Solicitamos a ratificação da vigência do convênio celebrado entre BCB e SUSEP em 14 de julho de 2005.

- Ratificamos

1.2) Solicitamos a ratificação da vigência do convênio celebrado entre BCB e PREVIC em 16 de fevereiro de 2016.

- Ratificamos

1.3) Solicitamos a ratificação da vigência do convênio celebrado entre BCB e CVM em 25 de abril de 2014.

- Ratificamos

2) Existem parâmetros (ou métricas) definidos para acompanhamento da execução dos acordos/convênios de cooperação/colaboração firmados entre o BCB e demais autarquias especiais? Quais são esses parâmetros ou métricas?

- Não existem parâmetros, mas há coordenação intensa entre as instituições para que a troca de informações seja tempestiva.

3) Em quais prazos os acordos/convênios de cooperação/colaboração firmados entre o BCB e demais autarquias especiais são reavaliados no âmbito do BCB?

- Não há prazo definido para a reavaliação por parte do BCB.

II - Consultas

4) Quanto à consulta, mecanismo de coordenação regulatória, no âmbito da instância supervisora do BCB, quais são os procedimentos e em que situações eventualmente são realizadas? Nesse caso, refiro-me às consultas realizadas às congêneres do BCB.

III - Normatização conjunta

5) Quanto à normatização conjunta e naquilo que compete à instância de supervisão, as atribuições do BCB que guardem relação com as atribuições de outras autarquias especiais já foram mapeadas com o objetivo de edição de regras conjuntas?

5.1) Na hipótese de já terem sido mapeados os assuntos para normatização conjunta, solicitamos informações quanto aos critérios utilizados para identificação do potencial de normatização conjunta entre autarquias especiais.

5.2) Na hipótese de já terem sido mapeados os assuntos afins para normatização conjunta, qual a periodicidade para reavaliação dos objetivos e da execução da agenda conjunta de normatização entre BCB e demais autarquias?

5.3) As prioridades e o planejamento da normatização conjunta encontram-se disponíveis para o público em geral? Onde é possível obtê-las?

Respostas 4 e 5:

- Considerando tratar-se de consulta com características de assessoramento a pesquisa acadêmica, demandando trabalhos adicionais de análise, pesquisa, interpretação e consolidação de leis, normas, dados e informações, ou serviço de produção ou tratamento de dados a respeito da legislação concernente ao Sistema Financeiro Nacional, informamos que esta espécie de assessoramento não se insere entre as atribuições legalmente conferidas a esta Autarquia.

6) Quanto ao COREMEC, as reuniões ordinárias têm ocorrido com a periodicidade semestral desde a sua recriação pelo Decreto nº 10.465/2020?

- Sim, desde a sua recriação, as reuniões ordinárias têm ocorrido semestralmente, geralmente nos meses de junho e novembro, conforme previsão no art. 4º do Decreto nº 10.465/2020. As datas dessas reuniões e de outros colegiados, podem ser consultadas em https://www.bcb.gov.br/acessoinformacao/calendariobc

7) Onde podem ser acessadas a agenda e a pauta das reuniões?

- A agenda e a pauta das reuniões não são divulgadas ao público pela internet.

8) O conhecimento acerca de qual autarquia especial exerce a presidência anual do COREMEC é objeto de divulgação ao público? Onde essa informação pode ser acessada?

- Conforme arts. 2ºe 4º do Regimento Interno do Coremec, anexo à Resolução Coremec nº01/2020, a Presidência e a Vice-Presidência do Coremec serão exercidas, a cada período de um ano, por uma das entidades representadas no colegiado, em regime de rodízio, observada a ordem alfabética do nome da entidade. Atualmente exerce a presidência do Coremec representante da Superintendência Nacional de Previdência Complementar (Previc).

9) As prioridades do COREMEC para cada mandato são públicas? No caso de resposta afirmativa, onde podem ser encontradas?

- Não há prioridades estabelecidas por mandado, porém o Regimento Interno do Coremec, anexo à Resolução Coremec nº01/2020, estabelece, no art. 7º, as competências e atribuições do Comitê e seus membros voltadas, basicamente, à promoção da estabilidade do sistema financeiro nacional.

10) Desde a sua recriação pelo Decreto nº 10.465/2020, quais atos normativos foram editados além da Resolução COREMEC nº 01/2020 e onde podem ser acessados?

- Somente a Resolução Coremec nº 01/2020 foi editada até o momento, acessível no Busca de Normas, no site do Banco Central: https://www.bcb.gov.br/estabilidadefinanceira/exibenormativo?tipo=Resolu%C3%A7%C3%A3o%20Coremec&numero=1

11) O COREMEC emite pronunciamentos conjuntos ou recomendações conjuntas? Se houver, esses documentos são públicos? Onde podem ser acessados?

- Anteriormente à sua recriação, o Coremec emitia Deliberações, publicadas no Diário Oficial da União. A partir de sua recriação, o Regimento Interno do Coremec, anexo à Resolução Coremec nº01/2020, estabelece em seu art. 23 que as decisões do Comitê que necessitarem de publicidade serão divulgadas por meio de Resoluções Coremec. As Resoluções Coremec são publicadas no Diário Oficial da União e podem ser acessadas no Busca de Normas, no site do BC: www.bcb.gov.br/estabilidadefinanceira/buscanormas."

Anexo 5

SOLICITAÇÃO ENVIADA À SUSEP

Resumo

Pesquisa acadêmica de pesquisa sobre coordenação regulatória no Sistema Financeiro Nacional (SFN), com foco nas instâncias de supervisão (SUSEP, PREVIC, CVM, BCB).

Fale aqui

Eu, Ana Carolina Mello Pereira da Silva de Paula, sou mestranda em Direito da Regulação da Fundação Getúlio Vargas – FGV e estou desenvolvendo um trabalho acadêmico de pesquisa sobre coordenação regulatória no Sistema Financeiro Nacional (SFN), com foco nas instâncias de supervisão (SUSEP, PREVIC, CVM, BCB).

A literatura sobre coordenação regulatória menciona algumas das ferramentas de coordenação formais e funcionais consideradas mais comuns, a saber: as consultas; a celebração de acordos ou de memorandos de entendimento; e a elaboração normativa conjunta. Um quarto mecanismo de coordenação regulatória é a existência de uma estrutura que tenha esse propósito de articulação ou coordenação (FREEMAN; ROSSI, 2012, p.1155).

No contexto da pesquisa, verificamos a existência de mecanismos formais de coordenação regulatória estabelecidos entre as autarquias especiais do SFN.

Por esse motivo, solicito a colaboração de V.Sa. para apresentar as respostas aos questionamentos, a fim de viabilizar parte relevante da nossa análise.

I - Acordos ou convênios

1. Verificamos a celebração de convênios entre a SUSEP e demais autarquias especiais (convênios SUSEP/PREVIC, SUSEP/CVM, SUSEP/BCB) antes da edição do Decreto nº 10.046, de 9 de outubro de 2019, que, nos termos do seu artigo 5º, dispensou a necessidade de "celebração de convênio, acordo de cooperação técnica ou instrumentos congêneres para a efetivação do compartilhamento de dados entre os órgãos e as entidades" da administração pública federal direta, autárquica e fundacional e os demais Poderes da União, desde que observadas as diretrizes definidas nessa norma e o disposto na Lei nº 13.709, 14 de agosto de 2018, conhecida por Lei Geral de Proteção de Dados.

1.1. A esse respeito, solicitamos a disponibilização do instrumento de convênio de cooperação (ou correlato) celebrado entre a SUSEP e a PREVIC.

1.2. Solicitamos a ratificação da vigência do convênio celebrado entre SUSEP e CVM em 04 de abril de 2006.

1.2.1. Caso o instrumento referido não esteja vigendo, solicitamos a disponibilização do convênio atualmente em vigor.

1.3. Solicitamos a ratificação da vigência do convênio celebrado entre SUSEP e BCB em 14 de julho de 2005.

1.3.1. Caso o instrumento referido não esteja vigendo, solicitamos a disponibilização do convênio atualmente em vigor.

2. Existem parâmetros (ou métricas) definidos para acompanhamento da execução dos acordos/convênios de cooperação/colaboração firmados entre a SUSEP e demais autarquias especiais? Quais são esses parâmetros ou métricas?

3. Em quais prazos os acordos/convênios de cooperação/colaboração firmados entre a SUSEP e demais autarquias especiais são reavaliados no âmbito da SUSEP?

II - Consultas

4. Quanto à consulta, mecanismo de coordenação regulatória, no âmbito da instância supervisora da SUSEP, quais são os procedimentos e em que situações eventualmente são realizadas? Nesse caso, refiro-me às consultas realizadas às congêneres da SUSEP.

III - Normatização conjunta

5. Quanto à normatização conjunta e naquilo que compete à instância de supervisão, as atribuições da SUSEP que guardem relação com as atribuições de outras autarquias especiais já foram mapeadas com o objetivo de edição de regras conjuntas?

5.1. Na hipótese de já terem sido mapeados os assuntos para normatização conjunta, solicitamos informações quanto aos critérios utilizados para identificação do potencial de normatização conjunta entre autarquias especiais.

5.2. Na hipótese de já terem sido mapeados os assuntos afins para normatização conjunta, qual a periodicidade para reavaliação dos objetivos e da execução da agenda conjunta de normatização entre SUSEP e demais autarquias?

5.3. As prioridades e o planejamento da normatização conjunta encontram-se disponíveis para o público em geral? Onde é possível obtê-las?

IV - COREMEC

6. Quanto ao COREMEC, as reuniões ordinárias têm ocorrido com a periodicidade semestral?

(...)"

Anexo 6

RESPOSTA RECEBIDA DA SUSEP

"Prezada Senhora,

Em relação a sua demanda, abaixo trazemos as respostas relativas a cada questionamento efetuado, com separação por itens, seguindo a disposição das perguntas efetuadas:

1.1. Resposta: Encaminhamos em anexo o Termo de Cooperação Técnica celebrado entre a PREVIC e a SUSEP em 19 de dezembro de 2012, atualmente em vigência.

1.2. Resposta: Ratificamos que o convênio celebrado entre a Susep e a CVM em 04 de abril de 2006 permanece vigente.

1.2.1. Resposta: Encaminhamos, em anexo, cópia do convênio celebrado entre a Susep e a CVM em 04 de abril de 2006.

1.3. Resposta: Ratificamos que o convênio celebrado entre a Susep e o Banco Central do Brasil em 14 de julho de 2005 permanece vigente.

1.3.1. Resposta: Encaminhamos cópia do convênio celebrado entre a Susep e o BCB em 14 de julho de 2005.

2. Resposta: Informamos que, atualmente, não há parâmetros definidos para acompanhamento da execução dos acordos/convênios de cooperação/colaboração firmados com as demais autarquias especiais.

3. Resposta: Informamos que, atualmente, não há uma periodicidade definida para a reavaliação dos acordos/convênios de cooperação/colaboração firmados entre a SUSEP e demais autarquias especiais.

Salientamos que a revisão dos referidos acordos pode ocorrer a qualquer tempo, por solicitação das áreas técnicas diretamente impactadas, ou visando ao intercâmbio de informações de interesse corporativo da Susep.

4. Resposta: Informamos que não há casos concretos suficientes que possibilitem relatar as ações adotadas.

5. Resposta: Informamos que, até o momento, a Susep não atua em normatização conjunta com outras autarquias.

6. Resposta: Comunicamos que as reuniões do COREMEC, em caráter ordinário, estão ocorrendo semestralmente, nos termos do artigo 4º, do Decreto nº 10.465, de 18 de agosto de 2020.

Maiores informações podem ser obtidas junto à Secretaria-Executiva do Coremec, exercida pelo Banco Central do Brasil.

Atenciosamente,

OUVIDORIA DA SUSEP
GABINETE DA SUSEP"

Anexo 7

SOLICITAÇÃO ENVIADA À PREVIC

Resumo

Pesquisa acadêmica de pesquisa sobre coordenação regulatória no Sistema Financeiro Nacional (SFN), com foco nas instâncias de supervisão (SUSEP, PREVIC, CVM, BCB).

Fale aqui

Prezado (a),

Eu, Ana Carolina Mello Pereira da Silva de Paula, sou mestranda em Direito da Regulação da Fundação Getúlio Vargas – FGV e estou desenvolvendo um trabalho acadêmico de pesquisa sobre coordenação regulatória no Sistema Financeiro Nacional (SFN), com foco nas instâncias de supervisão (SUSEP, PREVIC, CVM, BCB).

A literatura sobre coordenação regulatória menciona algumas das ferramentas de coordenação formais e funcionais consideradas mais comuns, a saber: as consultas; a celebração de acordos ou de memorandos de entendimento; e a elaboração normativa conjunta. Um quarto mecanismo de coordenação regulatória é a existência de uma estrutura que tenha esse propósito de articulação ou coordenação (FREEMAN; ROSSI, 2012, p.1155).

No contexto da pesquisa, verificamos a existência de mecanismos formais de coordenação regulatória estabelecidos entre as autarquias especiais do SFN.

Por esse motivo, solicito a colaboração de V.Sa. para apresentar as respostas aos questionamentos, a fim de viabilizar parte relevante da nossa análise.

I - Acordos ou convênios

1. Verificamos a celebração de convênios entre a PREVIC e demais autarquias especiais (convênios PREVIC/SUSEP, PREVIC/CVM, PREVIC/BCB) antes da edição do Decreto nº 10.046, de 9 de outubro de 2019, que, nos termos do seu artigo 5º, dispensou a necessidade de "celebração de convênio, acordo de cooperação técnica ou instrumentos congêneres para a efetivação do compartilhamento de dados entre os órgãos e as entidades" da administração pública federal direta, autárquica e fundacional e os demais Poderes da União, desde que observadas as diretrizes definidas nessa norma e o disposto na Lei nº 13.709, 14 de agosto de 2018, conhecida por Lei Geral de Proteção de Dados.

1.1. A esse respeito, solicitamos a disponibilização do instrumento de convênio de cooperação (ou correlato) celebrado entre a SUSEP e a PREVIC.

1.2. Solicitamos a ratificação da vigência do convênio celebrado entre PREVIC e CVM em 13 de março de 2018.

1.2.1. Caso o instrumento referido não esteja vigendo, solicitamos a disponibilização do convênio atualmente em vigor.

1.3. Solicitamos a ratificação da vigência do convênio celebrado entre PREVIC e BCB em 16 de fevereiro de 2016.

1.3.1. Caso o instrumento referido não esteja vigendo, solicitamos a disponibilização do convênio atualmente em vigor.

2. Existem parâmetros (ou métricas) definidos para acompanhamento da execução dos acordos/convênios de cooperação/colaboração firmados entre a PREVIC e demais autarquias especiais? Quais são esses parâmetros ou métricas?

3. Em quais prazos os acordos/convênios de cooperação/colaboração firmados entre a PREVIC e demais autarquias especiais são reavaliados no âmbito da PREVIC?

II - Consultas

4. Quanto à consulta, mecanismo de coordenação regulatória, no âmbito da instância supervisora da PREVIC, quais são os procedimentos e em que situações eventualmente são realizadas? Nesse caso, refiro-me às consultas realizadas às congêneres da PREVIC.

III - Normatização conjunta

5. Quanto à normatização conjunta e naquilo que compete à instância de supervisão, as atribuições da PREVIC que guardem relação com as atribuições de outras autarquias especiais já foram mapeadas com o objetivo de edição de regras conjuntas?

5.1. Na hipótese de já terem sido mapeados os assuntos para normatização conjunta, solicitamos informações quanto aos critérios utilizados para identificação do potencial de normatização conjunta entre autarquias especiais.

5.2. Na hipótese de já terem sido mapeados os assuntos afins para normatização conjunta, qual a periodicidade para reavaliação dos objetivos e da execução da agenda conjunta de normatização entre PREVIC e demais autarquias?

5.3. As prioridades e o planejamento da normatização conjunta encontram-se disponíveis para o público em geral? Onde é possível obtê-las?

IV - COREMEC

6. Quanto ao COREMEC, as reuniões ordinárias têm ocorrido com a periodicidade semestral?

(...)"

Anexo 8

RESPOSTA RECEBIDA DA PREVIC

Prezada Senhora Ana Carolina,

O SIC da Previc encaminha em anexo os documentos elaborados pela área técnica competente.

Conforme determina o § 4º do Art. 11 da Lei 12.527/11, os recursos deverão ser usados apenas em caso de não fornecimento da informação ou dos meios adequados para consegui-la. Caso seja essa a situação, Vossa Senhoria poderá impetrar o recurso explicando o motivo da irregularidade na negativa de acesso, no prazo de 10 dias, diretamente pelo sistema do E-SIC, a ser decidido pela autoridade hierarquicamente superior à que exarou a decisão impugnada, que no caso é o Senhor Diretor de Orientação Técnica e Normas, ou seu substituto legal, que deverá se manifestar no prazo de 5 dias.

Caso Vossa Senhoria queira fazer outro pedido de informação, mesmo que seja referente à resposta recebida agora, solicitamos que por favor faça um novo registro desse novo pedido de informação e não utilize o recurso para realizar tal novo pedido.

Porém, caso Vossa Senhoria apenas tenha uma dúvida sobre a resposta recebida, queira fazer uma pergunta sobre a informação fornecida, informar que um eventual anexo não foi devidamente incluído ou queira entrar em contato com o SIC da PREVIC, deverá utilizar o e-mail previc.sic@previc.gov.br ou o telefone (61) 2021-2029, e não a ferramenta do recurso deste E-SIC.

Sem mais para o momento, subscrevemo-nos.

Atenciosamente,
SIC/PREVIC

Anexo 9

ANEXO À RESPOSTA DA PREVIC

Despacho

Processo nº 44011.002161/2022-06

Interessado: OUVIDORIA

Assunto: **Solicitação de informações.**

1. Versa o processo, conforme documento anexado (SEI nº 0450929), sobre pedido de informação acerca de acordos, convênios, consultas, normatização conjunta com as instituições congêneres e reuniões ordinárias do COREMEC para subsidiar trabalho acadêmico de pesquisa sobre coordenação regulatória no Sistema Financeiro Nacional (SFN), com foco nas instâncias de supervisão (SUSEP, PREVIC, CVM, BCB). Questiona-se a PREVIC nestes seguintes pontos:

I - Acordos e convênios:

Questionamento 1.1. A esse respeito, solicitamos a disponibilização do instrumento de convênio de cooperação (ou correlato) celebrado entre a SUSEP e a PREVIC.

Resposta 1.1: Segue anexo a este processo o Termo de Cooperação Técnica celebrado entre a SUSEP e a PREVIC nº SEI 0452733.

Questionamento 1.2. Solicitamos a ratificação da vigência do convênio celebrado entre PREVIC e CVM em 13 de março de 2018.

Questionamento 1.2.1. Caso o instrumento referido não esteja vigendo, solicitamos a disponibilização do convênio atualmente em vigor.

Resposta 1.2 e 1.2.1: Conforme a cláusula 11.1 do Acordo de Cooperação Técnica celebrado entre PREVIC e CVM a vigência do Acordo é de sessenta meses a contar da data de publicação de seu extrato no Diário Oficial da União ocorrida em 22 de março de 2018, podendo ser prorrogado ou alterado mediante celebração de Termo Aditivo entre as partes. Encaminhamos, em anexo a este processo, o Termo de Cooperação Técnica celebrado entre a PREVIC e CVM nº SEI 0452734.

Questionamento 1.3. Solicitamos a ratificação da vigência do convênio celebrado entre PREVIC e BCB em 16 de fevereiro de 2016.

Questionamento 1.3.1. Caso o instrumento referido não esteja vigendo, solicitamos a disponibilização do convênio atualmente em vigor.

Resposta 1.3 e 1.3.1: O Convênio celebrado entre a PREVIC e a BCB possui duração por tempo indeterminado podendo ser alterado, de comum acordo, por meio de termo aditivo. Encaminhamos, em anexo a este processo, a cópia do referido Convênio Celebrado entre a PREVIC e a BCB nº SEI 0452731.

Questionamento 2. Existem parâmetros (ou métricas) definidos para acompanhamento da execução dos acordos/convênios de cooperação/ colaboração firmados entre a PREVIC e demais autarquias especiais? Quais são esses parâmetros ou métricas?

Resposta 2: Os acordos são acompanhados por um plano de trabalho que define a periodicidade de reuniões, a criação de grupos de trabalho conjunto e os projetos a serem desenvolvidos.

Questionamento 3. Em quais prazos os acordos/convênios de cooperação/colaboração firmados entre a PREVIC e demais autarquias especiais são reavaliados no âmbito da PREVIC?

Resposta 3: Os supervisores do SFN mantém comunicação permanente entre si e os acordos/convênios são atualizados conforme a necessidade.

II - Consultas

Questionamento 4. Quanto à consulta, mecanismo de coordenação regulatória, no âmbito da instância supervisora da PREVIC, quais são os procedimentos e em que situações eventualmente são realizadas? Nesse caso, refiro-me às consultas realizadas às congêneres da PREVIC.

Resposta 4: A Previc não costuma utilizar o mecanismo de consulta formal a seus parcs. Os assuntos semelhantes ou que envolvam competências comuns costumam ser tratados por meio de reuniões específicas entre servidores da Autarquia e servidores da CVM, Susep e Banco Central do Brasil.

III - Normatização conjunta

Questionamento 5. Quanto à normatização conjunta e naquilo que compete à instância de supervisão, as atribuições da PREVIC que guardem relação com as atribuições de outras autarquias especiais já foram mapeadas com o objetivo de edição de regras conjuntas?

Resposta 5: A Previc dispõe de 4 atos normativos conjuntos vigentes:

Instrução Conjunta SPC/ANS nº 1, de 2008, que estabelece critérios para a execução das atribuições legais da Previc e da ANS relacionadas às atividades de suplementação à saúde exercidas pelas EFPC que, nos termos do artigo 76 da Lei Complementar nº 109, de 2001, foram autorizadas a continuar oferecendo a seus participantes e assistidos benefícios assistenciais à saúde.

Instrução Conjunta Instrução Susep/Previc nº 01, de 14 de novembro de 2014: Dispõe sobre as regras de portabilidade de recursos de planos de benefícios de Entidades Abertas para planos de benefícios de Entidades Fechadas de Previdência Complementar, e vice-versa, e dá outras providências.

Instrução Normativa SRF / SPCO / SUSEP nº 524, de 11 de março de 2005: Regulamenta o prazo de acumulação de que trata o § 3º do art. 1º da Lei nº 11.053, de 29 de dezembro de 2004.

Instrução Normativa SPCO / SRF / SUSEP nº 589, de 21 de dezembro de 2005: Altera a instrução Normativa Conjunta SRF, SPC e Susep nº 524, de 2005, que regulamenta o prazo de acumulação de que trata o § 3º do art. 1º da Lei nº 11.053, de 29 de dezembro de 2004.

Questionamento 5.1. Na hipótese de já terem sido mapeados os assuntos para normatização conjunta, solicitamos informações quanto aos critérios utilizados para identificação do potencial de normatização conjunta entre autarquias especiais.

Resposta 5.1: A normatização conjunta usualmente ocorre por força normativa ou legal, em relação a matéria específica, a exemplo da Instrução Conjunta SPC/ANS nº 1, de 2008, editada em decorrência do art. 76 da Lei Complementar nº 109, de 2001. À medida que o segmento supervisionado se desenvolve e a tecnologia evolui, podem surgir novas matérias que necessitam da edição de regulações conjuntas.

Questionamento 5.2. Na hipótese de já terem sido mapeados os assuntos afins para normatização conjunta, qual a periodicidade para reavaliação dos objetivos e da execução da agenda conjunta de normatização entre PREVIC e demais autarquias?

Resposta 5.2: A revisão dos atos normativos conjuntos ocorre sempre que necessário a atualização dos comandos vigentes. Atualmente, o Decreto 10.139, de 2019, exige a revisão dos atos normativos do órgão no início do primeiro ano de mandato presidencial.

Questionamento 5.3. As prioridades e o planejamento da normatização conjunta encontram-se disponíveis para o público em geral? Onde é possível obtê-las?

Resposta 5.3: Não há previsão de procedimentos de normatização. Atualmente, a autarquia publica periodicamente ementário com todas as normas de competência da Previc em vigor.

https://www.gov.br/economia/pt-br/orgaos/entidades-vinculadas/autarquias/previc/centrais-de-conteudo/publicacoes/ementario-previc/ementario

IV - COREMEC

Questionamento 6. Quanto ao COREMEC, as reuniões ordinárias têm ocorrido com a periodicidade semestral?

Resposta 6: Nos termos do art. 11 da RESOLUÇÃO COREMEC Nº 1, DE 9 DE DEZEMBRO DE 2020 determina que o Coremec reunir-se-á, ordinariamente, uma vez por semestre e, extraordinariamente, a qualquer tempo, por convocação do seu Presidente ou pela maioria de seus membros.

2. Encaminhe-se a resposta ao pedido de informações à OUVIDORIA para prosseguimento.

(...)"